KB054154

이나모리 가즈오의
마지막 수업

이나모리 가즈오의
마지막 수업

이나모리 가즈오 지음

양준호 옮김

매일경제신문사

일러두기

이 책에서는 '경영 12개조'에 대해 조별로 아래와 같이 구성되어 있습니다.
보다 나은 이해와 실천에 도움이 되기를 바랍니다.
- '경영 12개조' 강연
- 요점(강연 포인트를 항목별로 정리했습니다.)
- 보강(강연의 내용을 더 잘 이해하기 위해 각각의 주제와 관련된 이나모리 가즈오 저자의 발언을 Q&A
  방식으로 게재했습니다.)

 세상에 복잡해 보이는 일들도 그것을 움직이는 원리원칙을 정리해보면 실제로는 단순명료하다는 것을 알 수 있다. 이러한 생각 아래 '어떻게 하면 기업 경영을 잘할 것인가'라는 경영의 원리원칙을 놓고 나 자신의 경험을 토대로 알기 쉽게 정리한 것이 '경영 12개조'이다.

 경영이라고 하면 복잡한 요소들이 얽혀 있다고 생각하기 쉽다. 하지만 이공계 출신이라 그런지 내게는 사물의 본질을 꿰뚫어보고자 하는 습성이 있다. 실제로도 연구·개발에서는 복잡한 현상을 단순화하는 능력이 요구된다. 경영도 다르지 않다. 본질에 초점을 맞추면 경영의 원리원칙도 단순하다. 그 원리원칙을 습득하면 누구든지 성공적으로 경영을 해낼 수 있을 것이라고 생각한다.

나는 중소·중견기업의 경영자가 다수 모인 '세이와주쿠盛和塾'에서 젊은 경영자들에게 경영에 대한 생각이나 방법을 강연해왔다(2019년 말 폐원). 그때 '많은 경영자들이 경영의 원리원칙에 대해 제대로 알지 못하고 있구나' 하고 느꼈다.

학생들 대부분은 차세대 경영자로서 가업을 잇기 위해 부단히 노력하고 있다. 일단 다른 기업에서 근무하기 시작한 사례도 있지만 여러 현실적인 이유 때문에 선대의 뒤를 이어 부친이 해오던 사업을 그대로 이어가는 경우가 많다. 그런 사람들에게 "당신은 사업을 키우기 위해 어떤 노력을 하고 있는가"라고 물었는데 진지한 답변을 들을 수 없었다. 그들은 어떻게 하면 경영을 잘할 수 있을지, 어떻게 하면 기업을 성장·발전시킬 수 있을지에 대해 근본조차 모르고 있었다.

대기업 임원들 중에도 그런 사람들이 있다. 기술개발이나 영업, 인사 등 어느 한 부문에서 오랜 경험을 쌓아 리더의 자리에 올랐지만 회사 전체를 바라보는 시각은 좁은 사람들을 말한다. '이 회사를 어떻게 이끌어가고 싶은지'를 평소 고민해보지 않았기에 종래의 방식을 답습하는 사례가 대부분이다. 이처럼 경영을 맡고 있는데도 '어떻게 하면 기업 경영을 잘할 수 있을까' 하는 기본적인 사항을 배운 적도 경험한 적도 없는 사람이 대부분이다.

이와 같이 경영이 무엇인지를 배우지 못한 사람들에게 경영에서 가장 중요한 사항들을 이해하고 실천하도록 하기 위해 정리한 것이 이 12개조이다. 이 12개의 경영원칙을 준수해 나간다면 회사나 사업은 분명히 잘될 것이다.

12개조는 짧고도 평이한 언어로 구성되어 있다. 그래서 '과연 이것만으로 경영이 가능한가'라고 생각하는 사람도 있을 것이다.

하지만 이 12개조는 교세라나 KDDI의 경영뿐만 아니라 일본항공의 재건에서도 엄청난 힘을 발휘해왔다. 실제로 일본항공을 재건하기 위해 의식개혁을 하는 과정에서 경영 간부들에게 실시한 첫 강의의 주제도 이 경영 12개조였다. 일본항공의 간부들은 이 12개조를 이해함으로써 그동안의 관료적인 의식에서 벗어나 기업 간부들에게 맞는 의식과 사고를 갖추게 되었다. 그리고 그와 함께 일본항공의 수익성도 크게 개선되었다.

공자와 그 제자들의 대화를 기록한 〈논어〉로 대표되듯이, 동아시아에서는 농축된 언어 속에 사물의 논리를 깊이 함축해 왔다. 그리고 그 짧은 가르침이 시대나 국경을 넘어 전달되어 왔다. 논어라는 단어 속에는 '인의仁義'라는 보편적인 진리가 관통하고 있다.

'인간사회에서 무엇이 올바른가' 라는 가장 기본적인 판단 기준을 근거로 만들어진 이 경영 12개조는 업종이나 기업 규모는 물론이고 국경, 문화, 언어 차이를 뛰어넘어 보편적으로 통할 내용이라고 생각한다.

교세라뿐만 아니라 KDDI나 일본항공 같은 대기업부터 구_日세이와주쿠 학원과 같은 경영아카데미에 이르기까지 모든 업종과 업태를 넘나들며 심도 있게 실천하는 과정에서 유효성이 증명되고 실증이 이뤄진 경영 12개조, 모쪼록 그 엄청난 힘을 믿고 잘 이해하고 또 실천해보길 바란다.

2022년 8월

이나모리 가즈오

차 례

제1조

사업의 목적,
의의를 명확히 한다

공명정대하고
대의명분이 있는 높은 목적을 세운다

대의명분이 사람을 움직인다

왜 이 사업을 하는가? 혹은 왜 이 회사가 존재하는가? 다양한 생각들이 있을 거라고 생각되는데, 우선은 자신이 하는 사업의 '목적'이나 '의의'를 명확히 하는 것이 필요하다.

그중에는 "돈벌이를 위해 사업을 시작했다"는 사람도 있을 것이다. "가족을 먹여 살리기 위해"라는 사람도 있을지 모른다. 그렇다고 해도 상관은 없지만, 그것만으로 많은 사원들을 규합하기는 어렵다.

사업의 목적이나 의의는 가능하면 차원 높은 것이어야 한다.

다시 말하면 공명정대한 목적이어야 한다.

　사원들을 열심히 일하게 하려면, 거기에는 '대의명분'이 있어야 한다. '나는 숭고한 목적을 위해 일하고 있다'는 대의명분을 갖지 못하면 인간은 마음속에서부터 열심히 일하려고 하지 않는다.

젊은 사원들의 반란

　내가 교세라를 설립했을 때 '사업의 목적은 무엇인가'라는 문제에 직면했다. 그 당시 나는 경영의 참모습을 잘 몰랐다. 교세라라는 회사를 '내가 가진 파인세라믹스 기술을 살려 제품을 개발하고 그것을 세상에 내놓는 장'이라고만 생각했다.

　당시에는 기술력보다도 학력이나 학벌 등이 중시되어 실력을 정확하게 평가받을 수 없는 풍조가 있었다. 나는 첫 직장에서 큰 실망을 맛보았기에 새로 만든 회사에서는 누구에게도 구애받지 않으면서 본인의 파인세라믹스 기술을 세상에 내놓는 것을 목적으로 삼았다. 기술자이자 연구자로서 갈고닦아온 기술을 유감없이 발휘할 수 있는 장이 마련됐다며 나는 매우 기뻐했다.

그러나 그 기쁨도 잠시 창업 3년 차에 젊은 사원들의 반란에 직면했다.

　　회사를 설립한 후 2년이 됐을 때 고등학교를 졸업한 10명 정도의 신입사원을 뽑았다. 그들이 1년 정도 근무하고 조금씩 일이 익숙해질 무렵 내게 연판장과 같은 요구서를 내밀며 단체교섭을 요구했다. 거기에는 "앞으로 '승진할 때 적어도 이 정도 대우를 해줄 것', '보너스는 일정금액 이상 지급할 것'" 등의 요구 사항이 적혀 있었다.

　　나는 그들을 뽑는 면접시험 때 "어떤 것을 해줄 수 있을지 잘 모르겠지만, 열심히 노력해 훌륭한 기업으로 만들어보려고 한다. 그런 기업에 모든 걸 걸고 같이 일해보지 않겠는가"라고 물었고 그들은 내 말에 동의하고 입사했다. 하지만 그들은 입사 1년 만에 요구서를 내밀며 "미래를 보장해주지 않으면 우리는 회사를 그만두겠다"고 압박한 것이다.

　　갓 창업한 회사라서 인력의 여유도 없었고 입사 후 현장에 배치되어 어느덧 일꾼으로 제 몫을 하기 시작한 이들이었던 만큼 그만두게 되면 상당히 곤란해질 수밖에 없었다. 나는 '이들이 요구를 고수한다면 어쩔 수 없다. 창업 시점으로 돌아가 다시 시작해도 좋다'고 마음먹고 요구를 받아들일 수 없다고 말했다.

회사를 설립한 지 아직 3년 차로, 나 또한 회사의 앞날에 대해 확신할 수 있는 것은 아무것도 없었다. '필사적으로 노력하면 어떻게든 될 거야'라는 정도로 각오를 다졌을 뿐 회사의 미래를 그려내지는 못했다. 따라서 그들을 당장 붙잡아두려고 할 수 있을지 없을지 모르는 상황에서 무리하게 자신감을 표시하거나 약속을 한다면 그건 거짓말을 하게 되는 것이었다. 나로서는 도저히 할 수 없는 일이었다.

사원들의 행복을 위해 최선을 다하라
— 미션의 확립

그들과의 대화는 회사에서 결론을 내리지 못한 채 내 집으로 옮겨서까지 계속됐다.

"나는 나 자신만이 경영자로서 잘나가면 그만이라고 생각해본 적이 없다. 입사한 여러분이 진심으로 좋다고 생각하는 기업을 만들고 싶다. 그것이 거짓이든 진실이든 속는 셈 치고 따라와주면 어떨까. 나는 목숨을 걸고 이 회사를 지켜내고 여러분들을 지켜낼 것이다. 만약 내가 허술한 경영을 하고 사리사욕을 위해 일한다면 나를 죽여도 좋다."

사흘간 밤낮으로 허심탄회하게 이야기했다. 결국 내 말을 믿어준 그들은 요구를 철회하고 회사에 남았다. 그리고 예전보다 더 몸을 아끼지 않고 열심히 일해주었다.

그때의 반란 멤버들은 이후 간부로 성장해 교세라의 발전에 일익을 담당해왔다. 나에게 이 사건은 기업 경영의 본질을 깨닫게 해준 계기가 됐다.

그때까지 나는 기술자로서 '내 기술을 세상에 내놓고 싶다'는 것을 회사의 설립 목적으로 삼았다. 또 회사의 미래에 대해서도 '열정적으로 일하면 어떻게든 먹고살겠지'라며 안이하게 생각했다. 게다가 나는 일곱 형제 중 차남이다. 고향에 사는 친형제들을 보살펴야 하는데, 이제까지 전혀 모르던 타인이었다가 갓 채용한 사원들까지 내가 미래를 보증해줘야 하나 하는 의문이 들기도 했다.

그랬던 내가 이 사건으로 인해 사원들은 자기네 가족의 미래까지 회사가 보증해주기를 바라고 있다는 사실을 깊이 깨닫게 됐다. 그때 처음으로 나는 '기업을 경영하는 진정한 목적은 기술자의 꿈을 실현하는 것이 아닐 뿐만 아니라 나아가 경영자 자신이 개인적 이익을 챙기고 풍요로워지는 것도 아니다. 지금은 물론이고 미래에도 사원들과 그 가족의 생활을 지켜나가는 데 있다'는 것을 깨달았다.

동시에 '경영이란 경영자가 가지고 있는 모든 능력을 발휘하고 사원들이 행복해지도록 물심양면으로 최선을 다하는 것이며, 기업은 경영자의 사심에서 벗어나 대의명분을 가지지 않으면 안 된다'는 교훈을 얻을 수 있었다.

공명정대한 사업 목적이나 의의가 있어야 사원들의 진심 어린 공감을 얻고 전면적인 협력을 얻어낼 수 있다. 또 경영자 자신도 당당하게 가슴을 펴고 경영에 전력투구할 수 있다.

이 사건으로 깨달음과 교훈을 얻은 나는 '물심양면으로 전 사원의 행복 추구'를 기치로 내세웠다. 또 사회의 공기로서 책무를 다하기 위해 '인류 사회의 진보 발전에 공헌한다'는 항목을 추가해 교세라의 경영 이념으로 삼았다.

경영의 이념
전 사원의 행복을 물심양면으로 추구함과 동시에
인류 사회의 진보 발전에 공헌한다.

지금 생각해보면 그때 교세라는 기업의 미션을 확립했다고 볼 수 있다. 회사를 설립한 지 얼마 되지 않은 때에 경영 이념으로 명확히 내건 사업의 목적과 의의. 그것을 기반으로 경영을 해온 것이 이후 교세라의 발전을 이끌었다고 생각한다.

통신사업으로의 진입 미션
— 대의명분이 가진 엄청난 힘

제2전전(현 KDDI)의 성공도 마찬가지다. 미션, 대의명분이 있었기 때문에 이 분야로 진입할 수 있었다. 애초에 가장 불리하다고 알려졌지만 강한 의지를 갖고 끊임없이 노력해 오늘에 이르게 됐다.

1980년대 중반에 통신사업이 자유화됐을 때 '일본전신전화(NTT)에 대항할 만한 어느 일본 대기업이 새로운 회사를 만들어 경쟁에 나서고 어떻게든 통신요금을 낮춰줄 것'이라고 나는 기대했다. 하지만 거대한 NTT를 무서워해 어느 한 곳도 도전하려고 하지 않았다.

이대로라면 NTT의 독점이 계속될 수밖에 없었다. 더구나 나는 '경쟁사가 생긴다 하더라도 이름뿐인 경쟁으로 통신요금을 낮추지 못한다면 정보화 사회에서 일본은 뒤처질 수밖에 없다'고 생각했다.

그 때문에 벤처기업인 교세라가 NTT의 대항마로 도전의 깃발을 든 것이다. 제2전전은 '국민을 위해 통신요금을 저렴하게 하고 싶다'는 순수한 마음에서 태어난 기업이다. 이른바 대의명분을 좇아 시작한 기업이다.

내가 제2전전을 설립했을 때 사원들을 모아놓고 이렇게 호소했다. "국민을 위해서라면 통신요금을 싸게 해야 하지 않겠습니까? 이런 훌륭한 명분을 지닌 프로젝트에 참가하는 것은 여러분 인생에서 의미 있는 일이 될 겁니다. 100년에 한 번 있을까 말까 한 일대 사회개혁의 순간을 함께한 행복에 감사하고 이 장대한 계획을 이뤄나갑시다. 이것은 이 사회와 국민을 위한 일이라는 사실을 잊지 맙시다."

그렇지만 우리의 뒤를 이어 일본 국유철도(국철, 현 JR), 그리고 일본도로공단과 도요타자동차가 진입했다.

국철에는 철도기술이 있으며 통신기술자도 있다. 도쿄, 나고야, 오사카 등에 통신선을 끌어올 때에도 신칸센을 활용하면 그 측면에 광케이블을 설치할 수도 있다. 게다가 국철은 거래하는 많은 업체를 상대로 고객을 확보할 수도 있다. 교세라가 주도한 제2전전보다 모든 면에서 유리하다고 생각한 국철은 일본텔레콤을 설립했다.

또 일본도로공단과 도요타자동차 주도로 설립된 일본고속통신에는 옛 건설성이 뒷배로 버티고 있는 데다가 이쪽도 도쿄, 나고야, 오사카 등지의 고속도로에 광케이블을 깔면 쉽게 인프라를 구축할 수 있다. 도요타의 강력한 영업력도 있다.

어느 쪽이든 '대의명분'보다는 '손익계산'을 토대로 전기통신사업에 진입하기로 결정한 것이 아닐까 생각한다.

제2전전을 포함한 3사는 시장에서 격렬하게 경쟁을 펼쳤지만, 실제로는 가장 불리했던 제2전전이 서비스 개시 직후부터 시장을 압도적으로 리드했다. 거기엔 대의명분이나 사명감이 있었고 그것을 토대로 제2전전 사원들이 대단한 열정으로 회선 획득에 노력한 덕이 크다. 이러한 제2전전 사원들의 모습을 보고 대리점이나 고객들도 전면적으로 지원해주었다.

그 결과, 제2전전이 신전전新電電 3사 중 압도적 우위를 확보했고 JR은 결국 일본텔레콤을 매각했다. 일본도로공단과 도요타가 만든 일본고속통신도 지금은 KDDI에 흡수됐다.

일본텔레콤과 일본고속통신은 기술을 보유하고 있었고, 자본과 신용, 영업력도 있었다. 이들 2개사는 모든 조건을 갖추고 있었음에도 성공하지 못했고, 제2전전은 가장 불리한 조건이었지만 '저렴한 통신요금을 실현해 국민들을 기쁘게 해주자'는 대의명분으로 성공했다. 그리고 지금도 KDDI로 번창하며 성장·발전해오고 있다. 이것도 대의명분, 즉 사명감이나 미션을 확립했을 때 강력한 힘이 발휘된다는 것을 증명한 사례라고 생각한다.

일본항공의 재건
─ 미션을 제시하고 사원들의 의식을 바꾸다

일본항공의 재건도 마찬가지였다. 우선 내가 노력한 것은 미션의 확립이었다. 일본항공 간부나 사원들의 의식개혁을 추진하는 과정에서 사원들이 진심으로 회사 재건에 나서도록 하기 위해 일본항공의 재건이 갖는 의의나 대의명분을 명확히 제시하려 했다. 일본항공이라는 회사의 목적과 위상을 기반으로 미션을 확립해나간 것이다.

본래 내가 일본항공 재건이라는 임무를 수락한 이유는 다음과 같다.

우선은 '일본 경제'에 미치는 영향 때문이다. 일본항공은 일본을 대표하는 기업 중 하나일 뿐만 아니라 쇠퇴를 계속하는 일본 경제를 상징하는 기업이기도 했다. 일본항공이 2차 위기를 맞아 재기할 수 없는 상황이 된다면, 일본 경제가 심각한 악영향을 받게 되고 국민들도 자신감을 잃게 될까 걱정이었다. 반면 재건에 성공하게 된다면, 일본항공이 되살아나는 것을 보면서 일본 경제도 회생하게 될 것이라는 자신감을 국민들이 갖게 될 것이라고 생각했다.

둘째는 '일본항공에 남겨진 사원들'을 어떻게든 구해야 한다고 생각했다. 일본항공을 재건하려면 불행히도 사원을 일부 내보내는 건 불가피했다. 하지만 2차 위기가 발생한다면 그 정도로 끝나지 않는다. 전원이 직장을 잃게 된다. 어찌 됐든 남은 3만 2,000명의 고용을 지켜내야 한다는, 말하자면 '이타적인 마음'으로 나는 재건 작업을 성공시켜야 한다고 생각했다.

셋째는 고객, 말하자면 '국민'을 위한 것이었다. 만약 일본항공에 2차 위기가 발생한다면 일본에 거대 항공사는 1개사만 남게 되어 경쟁 원리가 작동하지 않게 된다. 경쟁 원리가 작동하지 않으면 운임은 비싸지고 서비스는 더 악화될 것이므로 곤란해지는 것은 국민들이다. 복수의 항공사가 절차탁마해야 저렴하고 질 좋은 서비스를 제공하게 된다. 이를 위해서도 일본항공은 존속해야 했다.

모든 사원이 자부심과 보람을 갖고
일할 수 있도록 하다

일본항공의 재건에는 이러한 세 가지 의의, 이른바 '대의'가 있었다. 대의가 있었기 때문에 나는 일본항공의 재건에 임하려고 결심했다.

나는 우선 일본항공의 재건에 이러한 세 가지 의의가 있다는 것을 일본항공의 모든 사원이 이해할 수 있도록 노력했다. 사원들도 '일본항공의 재건은 단순히 자신들을 위한 것일 뿐이 아니라 일본 경제와 국민을 위해 필요하다'는 대의명분을 이해해주었기에 재건을 위한 노력에 박차를 가할 수 있었다.

일본항공의 재건이 갖는 사회적인 의의를 사원들과 공유한 뒤 나는 '일본항공이라는 회사는 무엇을 위해 존재하는가'라는 회사의 존재 의의도 명확히 했다. 새로운 일본항공에서의 경영 목적은 '전 사원의 행복을 물심양면으로 추구하는 것'이라고 정했다. 이는 앞서 언급했던 교세라의 경영 이념 첫 조항이기도 하고, 내 경영 철학의 근간이기도 하다.

이런 사고방식에 대해 "국가로부터 지원을 받는 대중교통 분야의 기업에는 어울리지 않는다"는 비판이 쏟아졌다. 그러나 기업이란 업종이나 업태를 가리지 않고 우선은 거기에 모인 모든 사원의 행복을 위해 존재하는 것이다. 이것은 나의 흔들림 없는 믿음이기에 바꿀 생각은 추호도 없다.

일반적으로 기업은 주주의 것이며, 경영이란 주주의 가치를 극대화하는 것으로 간주되고 있다. 그렇지만 전 사원이 자부심과 보람을 갖고 생기 있게 일할 수 있도록 하는 게 경영의 근간이다. 그렇게 함으로써 실적도 좋아지고 결과적으로 주주에게도 이득이 된다.

나는 사원들에게 "일본항공이라는 회사의 목적은 전 사원의 행복을 물심양면으로 추구하는 데 있다"는 것을 강조했다. 그러자 도산으로 동료들을 잃었고 급여가 크게 줄면서 근로조건이 나빠져 침울해 있던 사원들은 다시금 큰 용기를 내게 됐다.

그와 동시에 "일본항공은 우리의 회사다. 그러니 필사적으로 회사를 지켜내고 훌륭하게 키워나가자"고 강조하자 많은 사원들이 회사 재건을 자신의 일로 인식하게 됐다.

회사의 사명, 미션을 확립하고 그것을 공유함으로써 재건의 주역인 사원 한 사람 한 사람에게 동기부여를 해나갔다. 이것이 일본항공의 재건을 성공으로 이끈 가장 큰 요인이었다.

경영자는 전 사원들과 공유하면서 동기를 크게 부여할 수 있는, 공명정대하고 대의명분이 뚜렷한 회사의 목적과 의의를 확립할 수 있어야 한다. 이를 토대로 조직을 활성화시킬 수 있는 사람이어야 한다.

이만큼 훌륭한 대의명분은 없다

경영 12개조 제1조에서 "공명정대하고 대의명분이 있는 목적, 의의를 확립하라"고 하면서 나는 교세라나 KDDI, 일본항공에서 "전 사원의 행복을 물심양면으로 추구하는 것"을 첫 미션으로 내걸었다. 즉, 사원들이 행복하면 좋은 것이라는 점을 강조했다.

누군가는 이에 대해 훌륭하고, 공명정대하며, 대의명분이 있는 경영 이념이라고 말하기에는 부족한 것 아니냐고 생각할지 모른다. 하지만 사람을 사랑하고, 사원을 사랑하며, 모두가 행복해지길 바라는 것은 어떤 대의명분보다도 훌륭한 대의명분이며, 어떤 미션보다도 공명정대한 미션이다.

원시적이고 부족한 경영 이념처럼 보일 수도 있지만 '전 사원을 행복하게' 하는 것만큼 훌륭한 대의명분은 없다고 생각한다. 회사에는 각각 다양한 경영 목적과 사명이 있다고 생각하지만, 경영을 해나가기로 마음먹었다면 '사원들의 행복을 가장 우선시한다'는 점을 강조해줬으면 한다. 그러면 사원들도 반드시 그 대의명분에 감격하고 그에 상응하는 노력을 기울이게 될 것이다.

요점

- 왜 이 사업을 하는가, 사업의 '목적'을 명확히 제시하고 있는가?
- 사업의 목적에 '대의명분'은 있는가? 그것은 공명정대한 것인가?
- '사원들의 행복을 추구한다'는 흔들림 없는 신념을 갖고 있는가?
- 전 사원이 사명감과 보람을 갖고 일에 매진하고 있는가?

보강

Q1 회사를 경영하기 위한 목적은 왜 필요한가?

사원 100명 미만인 소규모 가족경영 회사의 2대, 3대 자손 중에서 명문 대학을 졸업한 사람들은 종종 "가업을 잇는 것이 싫다"며 일류 회사에 들어가곤 한다. 그러나 취직하고 5년도 채 안 돼서 "아버지께서 돌아오라고 하셨다", "아버지가 병들었다" 등의 이유를 대며 가업을 잇기 위해 아버지 회사에 들어가는 사례가 많다. 일류 회사에 들어갔지만 그다지 지위나 생활이 좋아지지 않더라는 진짜 이유는 말하지 않으면서 이런저런 이유를 갖다대며 아버지 회사로 향하는 것이다.

가업을 잇는 회사에 들어가면, 아버지가 사장이기 때문에 단번에 상무나 전무라는 직함을 받는다. 또 본인이 똑똑하다면 다양한 사외 단체의 모임에 가서 오냐오냐 떠받들어지고 지역사회에서도 나름 어엿한 경영자로 대접받게 된다.

그런 사람들에게 "당신은 회사의 경영 목적이나 의의를 어디에 두고 있습니까?"라고 물으면, "아버지로부터 회사 일을 하라는 말을 들었을 뿐입니다"라는 답변이 돌아온다. 즉, 어떤 목적으로 이 회사를 경영해 나갈 것인지 생각해 본 적이 없는 사람이 대부분이다. 이런 사람들에게 나는 이렇게 말하고 싶다.

"여러분은 이익을 만들어내는 훌륭한 경영을 해나가야 합니다. 그러기 위해서 여러분은 사원들에게 최선을 다해달라고 말하게 됩니다. 하지만 최선을 다해달라고 말하는 자기 자신은 아버지가 사장이었기에 전무나 상무가 된 것일 뿐 경영자로서 뛰어나 그 직책에 오른 것이 아닙니다. 그러므로 사원들에게 최선을 다해달라고 말하는 것은 가업을 이어받은 당신을 위해, 즉 당신의 재산을 늘리기 위해 '열심히 해주세요'라고 말하는 것으로 받아들여질 수 있을 것입니다.

사원들은 이렇게 생각할 것입니다. '이 회사에서 노력한다고 한들 경영자가 될 수는 없다. 열심히 노력해도 창업가의 재산만 늘어나겠지'. 그러므로 당신이 아무리 말해도 그들은 마음에서 우러나와 협력해주려고 하진 않을 것입니다. 적당히 노력하는 듯한 모습을 보일 뿐입니다.

이것이 가족경영을 하는 중소기업에서 리더와 사원과의 관계입니다."

사원으로 입사한 뒤 노력해서 경영 간부가 된 사람들도 대부분 그렇다. 회사에 들어가 열심히 노력해서 리더가 되거나 넘버 2 또는 넘버 3가 되었을 때 "이 회사를 어떻게 이끌어갈 것인가", "회사 경영의 목적은 무엇인가"라고 다시 한번 묻지는 않는다. 대부분은 지금까지 이렇게 해왔으니까라며 종래의 방식을 답습해 경영할 뿐이다.

이처럼 경영자라고 해도 대부분은 무엇을 목적으로 회사를 경영해 나갈 것인지 생각해 본 적이 없다.

나는 '전 사원의 물심양면의 행복'을 추구하는 것이 매우 고차원적 목적이며 대의명분도 있다고 생각한다. 그것은 개인이 아니라 집단을 위한 목적이기도 하다. 집단의 행복을, 그것도 물심양면의 행복을 추구하기 위해서 우리는 열심히 일하는 것이다. 젊은 사원들의 불평을 막기 위해 만든 것이었지만, 결국 대의명분이 있는 목적이었다고 생각한다.

"내 아버지는 그러하지 않았지만, 내가 이 회사를 잇게 된 이상은 회사의 목적을 바뀌나갈 겁니다. 여기 모인 여러분이 행복해지도록 해나갈 계획입니다."

이렇게 제시하면 사원들의 태도는 확연하게 달라진다. 당신이 노력하고 있는 것에 대해 적극적으로 협력해줄 것이다.

Q2 대의명분이 있는 목적이 가져올 것은?

교세라의 경영 이념에서 '사원'이 아니라 '전 사원'의 행복을 물심양면으로 추구하겠다고 한 것은 정규직원뿐만 아니라 사장인 나나 매일 현장에서 열심히 작업하고 있는 파트타이머까지 포함해 모든 사원의 행복을 추구하려고 생각했기 때문이다.

경영자와 노동자로 분리하지 않고 일에 종사하는 모두를 사원으로 인식하면서 그 사람들의 행복을 물심양면으로 추구하기로 목표를 정했다.

매우 원시적인 회사 경영의 목적 같지만, 이것을 목적으로 삼은 것은 훌륭한 일이었다고 생각한다. 신이 내게 주신 소명이 아닐까 생각할 정도다.

　전 사원의 행복을 물심양면으로 추구하는 것은 누구에게
도 의지하지 않고 할 수 있는 일이기 때문이다. 사장인 나
를 위해, 이나모리 집안을 위해, 주주를 위해 일하는 것이
아니라 이 회사에 모인 전 사원의 행복을 추구하기 위해
우리는 노력한다.

　이런 목적이라면 모두가 공유해줄 것이다. "당신이 지향
하는 경영은 우리의 행복을 추구하는 방향이다. 그렇다면
대찬성"이라며 공감해줄 것이다.

　나는 나 스스로 일을 열심히 하다 보니 사원을 엄하게 꾸
짖기도 했는데 그렇게 목적을 바꾼 뒤부터는 꾸짖는 것에
부담을 느끼지 않게 됐다. 왜냐하면 나 자신을 위해 꾸짖
는 것이 아니기 때문이다. "당신을 위해 내가 아침부터 밤
까지 분골쇄신하고 있는데, 당신의 그런 태도는 무엇인가?
더 충실하게 행동하지 못하겠는가?"라고 당당히 말할 수
있게 됐다.

　당신을 위해 내가 필사적으로 노력하고 있는데, 당신이
무책임하면 어떻게 하느냐고 생각하니 꾸짖는 것이 편해
진 것이다. 그런 의미에서 보더라도 회사의 목적에는 대의
명분이 필요하다.

Q3 왜 대의명분이 중요한가?

사업을 하면서 경영자 자신이 돈을 벌기 위해 사원들을 혹사한다면 좋은 결과를 얻기 힘들다. 어떤 사업이든지 훌륭한 사업의 목적, 대의명분이 필요하다.

세이와주쿠 기업 가운데 빌딩 청소 분야에서 훌륭한 대의명분을 세우고 노력하는 기업이 있다. '우리를 믿고 일을 맡기는 고객에게 청소가 잘된 아름다운 빌딩이라는 기쁨을 선사한다. 우리는 그러한 사회적 의의가 있는 일을 한다'는 것이 그 회사의 목적이다.

경영자가 돈을 벌기 위해 오로지 일만 열심히 하는 것이 아니라 모두가 공감하는 대의명분을 세우고 그것을 바탕으로 경영하는 것이다. 이처럼 대의명분을 가진 목적을 세운 뒤 순식간에 훌륭한 회사가 되었다는 사례는 비일비재하다.

경영자만이 아니다. 사업부장인 분들도 자신이 책임지고 있는 사업부에서 훌륭한 대의명분을 세워야 한다. 그렇게 하면 여러분의 부하 직원들은 '훌륭한 목적을 위해 이 사업을 하는 것이라면 나는 분골쇄신의 노력을 하겠다'며 따를 것이다. '이 사업은 사회에 기여한다. 또 내 가족을 위한 것이며 나 자신을 위한 것이기도 하다. 그런 일이라면 나도 노력하겠다'고 마음먹게 된다.

　교세라에서는 각각의 사업부별로 매달 결산표를 보고 "이번 달은 시간당 성과가 형편없군. 이익을 내지 못했는데, 도대체 뭘 하고 있나?"라고 엄하게 추궁한다. 그러나 단지 이익을 내지 못했다고 추궁하는 것이 아니다. "대의명분이 있는 사업에 투자하고 사회를 위해 공헌하려고 하는데, 이런 실적으로는 사업을 성장시킬 수가 없다. 적자를 내서는 사회를 위한다는 이 사업의 목적을 달성할 수 없으므로 적자의 원인을 규명하고 채산성이 좋아지도록 지도하는 것이다"라고 설명한다. 자신의 상사로부터 채산성이 나쁘다고 들은 뒤에 앵무새처럼 부하를 꾸짖기만 한다면 누구도 진심으로 실적을 올리려 하지 않을 것이다.

　"이 사업의 대의명분을 실현하기 위해서는 이익을 내야 한다. 그렇지만 내가 말하고 있는 것은 이익이 목적이 아니다. 대의명분을 지키기 위해서는 사업을 성장시켜 이익을 내야 하기에 엄하게 말하고 있는 것이다"라고 모두를 이해시켜야 한다.

　경영자 또는 사업부장 자신이 '이렇게 의미 있는 일은 없다. 이 일에 보람을 느끼고 있다'라고 생각한다면, 그에 걸맞는 대의명분을 세워야 한다. 모두가 공감하면서 "그런 의미 있는 사업의 일단을 내게 맡겨주세요"라고 나서게 되는 그러한 대의명분이 필요하다.

대의명분이란 '공공'을 향한 것이다. 사업의 목적이 사적인 것, 자기 자신을 위한 것이라면 내심 부끄러워질 것이다. 그것이 자신의 일을 제쳐두고 공공의 이익을 위한 것이라면 사람은 더 힘을 낼 수가 있다. 예를 들어 운동회에서 경주할 때도 팀을 위해서라면 힘을 내고 열심히 하는 것이 사람이다. 공공, 정의, 공평, 사회를 위해서라면 자연스럽게 힘이 샘솟게 된다.

제1조에서 "사업의 목적, 의의를 명확히 한다"는 것은 사업뿐만 아니라 인생에 있어서도 적용된다. 자신의 인생 목적이나 의의에도 대의명분을 세우기 바란다. '가족을 위해서'라는 것만으로도 충분히 대의가 된다. '나만 평온무사하다면 어찌 되든 상관없다'고 생각한다면 인생을 의미 있게 사는 자세가 아니다. 자신의 삶을 훌륭하게 만들기 위해서도 대의명분을 가진 목적이나 의의를 세우고 그 실현을 위해 노력해 가는 것이 중요하다.

제2조

구체적인
목표를 세운다

세운 목표는 항상
사원들과 공유한다

혼란을 극복하는 과정에서
혈로를 열고 집단을 이끈다

구체적인 목표를 세운다. 이것은 비전을 수립하는 일이다. 경영자는 '이 조직이 무엇을 지향하는가'에 대한 비전이나 목표를 높게 잡고 그것을 집단 내에 불어넣지 않으면 안 된다. '조직을 어떤 방향으로 이끌어갈 것인가' 하는 목표를 제시하고 '그 앞에 어떤 미래가 있는가'하는 전망을 그려내야 한다. 나아가 그 실현에 이르는 구체적 방안까지 내놓으면서 사원들을 이끌어가는 것이 경영자들이 해야 할 일이다.

특히 경영 환경이 급격하게 변화하고 미래를 전망하기 어려운 때일수록, 경영자는 뚜렷한 비전이나 목표를 제시해야 한다. 혼란을 극복하는 과정에서 조직 구성원들을 명확한 목표 아래 규합하고 혈로를 열어 그 집단을 목표로 이끌고 가는 것이야말로 경영자가 해야 할 주된 역할이다.

목표로 이끌고 가는 과정에서 예기치 못한 여러 장애가 있을 수 있다. 그렇지만 어떤 과제에 직면하더라도 경영자 자신이 강한 의지를 갖고 대응하면서 특히 조직을 하나로 묶어 생각과 힘을 결집해 나가야 한다. 그 외에는 목표를 달성할 수 있는 방법이 없다.

급격한 경기 악화 등 어려운 상황에 직면하면 우왕좌왕하게 되고, 당초에 내걸었던 비전이나 목표를 잃어버리기 쉽다. 그렇게 되면 사원들이 따라와줄 리가 없다. 어떤 혼미한 상황 속에서도 하나의 지향점을 바라보며 그 조직을 이끌어 나가야 한다. 그런 강한 정신을 가진 사람이야말로 진정한 경영자라고 생각한다.

사원을 고무시키는
장대한 비전을 내놓는다

생각해보면 파인세라믹스 부품 메이커로 교세라를 창업한 뒤, 아직 영세한 것은 물론이고 기업으로서 전망이 밝지 않았던 시절부터 끊임없이 비전과 목표를 세우고 꿈에 대해 이야기해왔다.

"우리의 파인세라믹스는 일본, 나아가 세계 전자산업을 크게 발전시키는 데 불가결한 제품입니다. 우리 제품을 전 세계에 공급해 나간다면 어떻게 되겠습니까? 지금은 볼품없는 작은 공장이지만, 이 회사를 우선은 동네 제일의 주력 회사로 만듭시다. 동네에서 제일이 되면, 나카교구中京区 제일을 목표로 뜁시다. 나카교구 제일이 되면, 교토 제일을 목표로 나아갑시다. 교토 제일이 되면, 일본 제일을 목표로 삼읍시다. 그리고 일본 제일이 되면, 세계 제일을 목표로 삼고 나아갑시다."

아직 대출금도 갚지 못한 사옥에서 겨우 수십 명 사원으로 연간 1억 엔에도 못 미치는 매출을 올리던 영세기업 시절부터 나는 "일본 제일, 세계 제일의 기업이 되자"는 장대한 비전을 기회가 있을 때마다 사원들에게 이야기했다.

그렇지만 실제는 어땠는가? 근처 전철역에서 교세라까지

오는 짧은 길목에 교토기계공구라는 회사가 있었다. 스패너나 렌치 등 차량용 공구를 만드는 회사였는데 자동차 산업의 부흥과 함께 당시 활황을 구가하고 있었다. 그에 비하면 교세라는 목조 창고를 빌려 이제 겨우 조업을 시작한 신생 영세업체에 불과했다. 그러니까 "동네에서 제일이 되자"고 해도 사원들은 '회사에 출근하면서 지나쳐온 기계공구회사보다 더 커지기도 힘들 것'이라는 표정을 지을 뿐이었다.

끈기 있게 사원들에게
비전을 설명한다

그렇게 말하는 나 자신도 말을 꺼냈을 당시에는 정말로 동네 제일의 회사가 될 수 있다고는 생각하지 못했다.

하물며 나카교구에서 제일이 되자고 말하기도 했지만, 나카교구에는 증시에 상장한 기업일 뿐만 아니라 나중에 노벨화학상 수상자를 배출하며 세계적으로 기술력을 인정받은 시마즈제작소島津製作所도 있었다. 나카교구에서 제일이 되기 위해서는 시마즈제작소를 뛰어넘지 않으면 안 되었다. 이는 거의 불가능한 이야기라고 생각했다.

세라믹 업계를 보면 당시에도 일본가이시日本碍子나 일본특수도업日本特殊陶業이라는 출중한 기업들이 영업 중이었다. 그들은 기술력이나 역사, 영업실적은 물론이고 인적, 물적 그리고 자금력에 이르기까지 모든 경영자원이 교세라를 압도했다. 어찌 보면 거인처럼 우뚝 서 있는 존재들이었다.

그렇다고 해도 나는 "교토 제일이 되자. 일본 제일이 되자. 세계 제일이 되자"고 끈질기게 사원들에게 말해왔다.

그러자 처음에는 반신반의하던 사원들도 언제부턴가 내가 내건 꿈을 믿어주고 그것을 실현하기 위해 힘을 합쳐 노력해주었다.

또 나 자신도 이것을 확실한 목표로 정했다. 가루 범벅이 된 일상 속에서도 '우선은 우리 동네 제일이 되고, 나아가 세계 제일이 되자'는 장대한 비전을 마음에 품고 누구에게도 지지 않을 노력을 기울여왔다. 아이디어를 끊임없이 만들어내며 난관을 하나하나 헤쳐나왔다.

그 결과, 교세라는 파인세라믹스 분야에서 세계 제일이라 불리는 기업이 되었다. 또 파인세라믹스 기술을 축으로 사업 다각화를 추진했으며 지금은 매출이 1조 수천억 엔 규모에 이르는 기업으로 성장했다. 동시에 교세라는 창립 이래 50년 이상 한 번도 적자를 낸 적이 없으며 수익률도 거의 10% 이상을 유지해왔다.

이러한 교세라의 끊임없는 성장과 발전이 가능했던 것은 그 바탕에 확고한 비전이 있었기 때문이다.

큰 꿈을 제시하고 구체적인 목표로
사원들의 역량을 결집한다

비전, 즉 기업의 목표로는 큰 꿈을 제시해야 한다. 동시에 그것을 실현하기 위한 계획은 구체적으로 세워야 한다.

예를 들어, 여러분 회사의 연간 매출액이 10억 엔이라고 가정해보자. 그렇다면 이제 "내년에는 12억 엔으로 하자"와 같이 구체적인 목표를 설정해보는 것이다. 그것도 단순히 매출액뿐만 아니라 이익까지 포함하는 구체적인 목표여야 한다.

중요한 것은 그것이 '공간적, 시간적으로도 명확해야 한다'는 사실이다. 회사 전체의 막연한 숫자가 아니라 조직별로 브레이크다운해서 목표를 세워야 한다. 현장의 최소단위 조직에 이르기까지 명확한 목표치가 있어야 하고 나아가 사원 한 사람, 한 사람까지도 명확한 지침 아래 구체적인 목표를 세우지 않으면 안 된다.

또 1년간의 연간 목표뿐만 아니라 '월별 목표'도 명확히 설정할 필요가 있다. 월별 목표가 명확해지면 일일 목표도 자연스럽게 보인다. 사원들이 매일 자신의 역할을 명확히 이해하고 이를 수행할 수 있도록 목표를 설정해야 한다.

사원들이 충실하게 역할을 수행하면서 각각의 조직과 부문이 목표를 달성해 나갈 때 회사 전체의 목표도 달성할 수 있게 된다. 또 일일 목표를 달성해야 그렇게 쌓인 실적으로 월별이나 연간 경영목표를 달성할 수 있다.

이처럼 목표를 명확히 해야만 사원들의 총력을 모을 수 있다. 목표가 명확하지 않고 회사가 어느 방향으로 갈지를 경영자가 제시하지 못한다면, 사원들은 각자 마음대로 움직이며, 조직이 가진 힘은 분산되어버린다. 그렇게 되면 조직의 힘을 발휘할 수 없게 된다.

중장기 계획은 필요 없다
― 해마다 우직하게 노력한다

솔직히 말하면 나는 '장기적인 경영 계획은 세울 필요가 없다'고 생각한다. 경영의 세계에서는 경영 전략에 근거해 5개년 계획이나 10년 계획 등 중장기 계획을 세울 수도 있다고 보지만, 그렇게 장기 경영 계획을 세워놓아도 좀처럼 달성하기가 어렵기 때문이다.

장기에 걸친 경영 계획을 세운다면, 그 과정에서 예측을 벗어난 시장의 변동이나 불규칙한 사태의 발생으로 계획 자체가 의미를 잃게 되고 어쩔 수 없이 하향조정을 해야 하거나 마침내는 계획을 포기해야 하는 상황이 종종 발생한다.

주워담아야 하는 계획이라면 오히려 세우지 않는 편이 낫다. 과도하게 하향 조정하거나 계획을 포기하면 사원들은 '어차피 달성하지 않아도 그만'이라고 대수롭지 않게 여기게 된다. 경영자가 높은 경영 목표나 장대한 경영 계획을 내걸어도 그것에 도전하고 싶은 마음을 갖기 어렵다.

또 장기 계획을 수행하는 과정에서 목표로 설정한 매출은 달성하지 못하면서도 비용이나 인력 충원 목표만 계획대로 진행하는 결과가 빚어지기도 한다. 그로 인해 비용 증가를 초래하고 경영 압박을 받게 된다.

나는 교세라를 창업한 이래 줄곧 1년 단위로 경영 계획을 세워왔다. 3년 또는 5년 후의 일은 정확히 예측하기가 어렵지만, 1년 후의 일이라면 그리 틀리지 않게 전망할 수 있다. 그래서 나는 1년간의 경영 계획은 어떻게든 달성하기 위해 노력해왔다.

'오늘 하루를 열심히 일하고 나면 내일이 보인다. 이번 한 달 간 열심히 일하고 나면 다음 달이 보인다. 그리고 올해 열심히 일하면 내년이 보인다.'

이런 식으로 생각하고 매일의 목표나 월별 목표 그리고 연간 목표를 꾸준히 달성하기 위해 노력에 노력을 거듭해왔다.

경영컨설턴트들은 "그런 방식으로는 큰 사업을 할 수 없다" 고 입을 모아 말한다. 하지만 나는 매년 1년간의 구체적 목표 를 세우고 그것을 수행하고 작업이 완료되면, 또 다음 해의 명 확한 목표를 세웠다. 그렇게 철저하게 목표를 이루고 우직하 게 실천해오면서 사업을 해마다 성장시켜왔다. 교세라는 애벌 레와 같은 행보로 성장한 기업이다.

기업을 둘러싼 경영 환경이 어떠하든지 간에 높은 비전을 내걸고 구체적인 경영 계획을 토대로 목표를 달성하면서 조직 을 착실하게 이끌어 나가야 한다. 그런 사람이야말로 혼돈의 시대 속에서 활로를 여는 진정한 경영자라고 생각한다.

비용만 계획대로 늘어난다
— 장기 계획의 무서움

한때 세계 시장을 석권했음에도 불구하고 이후 '잃어버린 30년'을 거치면서 일본의 대형 전기 메이커들이 추락해버린 현실에 놀란 사람이 많을 거라고 생각한다.

엄청난 비전 아래 장기 계획을 세우고, 큰 공장을 짓고, 막대한 투자를 해오던 전기 부문 대기업들. 3년 후, 5년 후를 내다보며 수천억 엔을 투자했음에도 불구하고 1년도 지나지 않아 그 계획들은 업계의 지각변동으로 무용지물이 되고 말았다. 거기에 새로 뽑은 인력에 대한 부담까지 얹혀져 회사마다 수천억 엔에 이르는 적자를 피할 수 없게 됐다.

우수한 경영진이 미래를 내다보며 '우리 회사는 기술력도 뛰어나고 경기와 시장전망도 괜찮다'고 생각해 세워놓은 계획일지라도 그만큼 지키기가 힘든 것이다. 앞을 내다볼 수 없는 경영자라면 더욱 그러하다.

그러니까 나는 애벌레의 행보처럼 경영을 해왔다. 1년간의 계획이 끝나면, 그 다음 해 1년간의 계획을 세운다. 그런 애벌레 같은 행보로 교세라를 지금까지 성장시켜온 것이다.

앞서도 언급했지만 장기 계획을 생각하지 않았던 또 하나의 이유는 계획대로 이뤄지는 것은 비용뿐이었기 때문이다.

예를 들어 내년에 경기가 좋아질 것이라고 예측해보자. 그러면 지금의 공장은 협소하므로 옆에 땅을 구하고 생산량을 늘릴 수 있도록 돈을 빌려 공장을 짓게 될 것이고, 동시에 사업을 확대하기 위해서는 우수한 사원도 필요하므로 명문대 출신 인재들을 많이 뽑아서 내년을 대비해 계획을 짤 것이다.

그렇지만 새해가 밝아도 경기가 살아날 것이라는 예상은 그대로 이뤄지지 않는다. 50% 늘어날 것이라고 생각했던 주문은 그대로이고 수주도 전혀 늘지 않는다. 그런데도 계획은 착착 진행된다. 은행에서는 돈을 빌려주고, 토지 매입도 순조롭게 이뤄진다. '지금뿐이니까'라며 땅을 사들인다. 공장 건설도 '지금 짓는 편이 싸게 먹힌다'는 건설사 설득에 이끌려 공사를 시작한다. 사원들도 당초 생각했던 대로 모집해 채용도 마무리한다.

즉, 비용이 발생하는 부문에서는 계획이 원래대로 착착 진행된다. 하지만 수입이 늘 거라고 생각했던 부문에서는 전혀 계획대로 진행되지 않는다. 매출이 증가할 것이라는 계획은 잘 진행되지 않고 비용만 늘어나는 꼴이 된다.

은행으로부터 빌린 차입금에 대한 이자 부담이 늘어나고, 건축비와 인건비를 지출하는 '비용증가 계획'은 경기 변동과 관계없이 자신이 계획했던 대로 실행해 나갈 수 있다. 하지만 고객으로부터 주문을 받고 매출을 올리는 것은 자신들 뜻대로 진행할 수 없다. 여기에서 어긋남이 발생하게 된다.

이처럼 장기 계획을 세우면 비용은 계획대로 증가하지만, 수입은 그에 맞춰 늘지 않는 경우가 발생한다. 이 때문에 나는 장기 계획을 세우지 않기로 한 것이다.

요점

- 비전을 내걸고, 구체적인 '목표'를 제시하고 있는가?
- 미래 전망을 그려내고, 그 실현에 이르는 구체적인 '방책'을 제시하고 있는가?
- 목표를 사원 한 사람 한 사람의 목표, 월별 또는 일일 목표로 세분화했는가?
- 중장기 계획이 아닌 '연간 계획'을 세우고 충실하게 실행하고 있는가?

보강

Q1 목표 수립에 어떤 능력이 필요한가?

'구체적인 목표를 세운다'는 것은 매일 수주, 매출, 생산, 비용, 시간을 토대로 삼아 월별 목표나 연간 목표를 세우라는 것이다. 그런 목표가 만들어지면 매일 착실하게 그 목표를 달성하기 위해 달려나가면 된다. 리더는 이런 계획을 스스로 만들어내는 능력이 있어야 한다.

그러나 예컨대 줄곧 노무·인사 경험만 쌓아온 사람, 반도체 기술개발만 해온 사람, 가전 부문에서 영업 경력만 가진 사람의 경우를 보자. 그런 사람들은 스스로 채산표를 보면서 "이것이 이상하다. 이렇게 해야 한다"고 지적하지 못한다. 제한된 부문에서 경험을 쌓고 사장이 된 사람은 각 분야를 담당자에게 맡겨두고 "최선을 다해달라"고 말할 수밖에 없다.

예전에 도토루커피의 토리바 유타카 사장(현 명예회장)과 내가 서면대담 형식으로 잡지에 칼럼을 게재했을 때 토리바 사장에게 나는 이렇게 말했다.

"사장님이나 저나 영세기업으로 출발했습니다. 영세기업의 창업자는 영업이나 제조, 기술 등 모든 부문에 신경을 쓰지 않으면 경영을 할 수 없습니다. 이러한 경험을 쌓고 모든 업무를 잘 알고 있기 때문에 1조 엔 기업으로 성장한 후 보고를 받아도 내용을 이해할 수가 있는 겁니다. 만약 제가 중도에 대기업에 입사해서 기술 분야만 아는 상태로 사장이 되었다면, 보고를 받아도 어떻게 하면 사업의 채산성을 맞출 수 있을지 알 수 없었을 것입니다. 또 보고를 듣고서도 '아, 그런가?'라는 말밖에 할 수 없을 정도로 경영을 어려워 했을 것입니다."

샐러리맨 경영자, 즉 제한된 부문의 경험만 가진 사람을 후계 사장으로 정한다면, 사장으로 결정한 순간부터 제왕학을 배우도록 해야 한다고 생각한다. "젊은 사원들에게 머리를 숙이고 납작 엎드려 1개월씩 각 부문을 돌아보라. 모든 부문을 1년에 걸쳐 경험하고도 제대로 이해하지 못한다면 사장의 자격은 없다"고 말해줘야 한다는 뜻이다.

"지금부터 1년간은 실습이다. 우선은 경리에게 가서 회계 기초부터 배워 오라. 거기서부터 단련하지 않으면 훌륭한 경영자가 될 수 없다. 사장에게 실권을 넘기는 것은 1년 후부터다"라고 말하며 경리 업무부터 영업에 이르기까지 모든 부문을 1개월씩 순환시킨다. 이러한 교육을 거치게 해야 한다.

Q2 목표를 어떻게 공유할 것인가?

경영기획실이 중심이 되어 만든 경영 계획에 따라 구체적인 목표가 정해지고 사원들은 그것을 실행한다. 이런 '일 방통행'으로는 모든 사원의 역량을 결집할 수가 없다. 구체적인 목표를 정할 때에는 '톱다운'이 아닌 '보텀업'도 필요하다. 각 부문의 책임자는 물론 현장 직원 모두 하나가 되어 "이것은 이렇게 합시다, 아니 저렇게 합시다"라고 말하면서 구체적인 목표 수치를 세우도록 한다.

그 대신에 목표 수치는 반드시 달성하도록 한다. 이를 위해서도 구체적 목표는 담당하는 모든 사람이 공유할 수 있어야 한다. '자신의 책임이기도 하다'는 것을 이해시키기 위해 목표를 세울 때에도 참여하도록 한다. 이것은 절대 조건이다. 모두가 진정으로 추구해야 할 목표여야 한다.

교세라의 경우, 각 부문이 다양한 제품별로 나뉘어 있고 각각은 독립채산으로 운영되고 있다. 그리고 "당장 제품을 납품해달라"는 주문을 받으면 밤새워서 만들어야 할 때도 있다. 계획을 세울 때 말단 사원들도 동참했다면 이런 긴급한 상황에서도 최대한 목표 달성에 협력하게 될 것이다.

이를 위해서도 사원들은 현재의 경영 상황을 이해하고 있어야 한다. 교세라는 매월 마감 후 다음 달 1일에 각 부문의 매출과 이익을 발표하고 있다. 매출이 얼마이고, 비용은 어느 정도 들었으며, 이익은 얼마나 냈는지를 매월 마감 후 다음 날에 곧바로 알 수 있다.

이렇게 하면 모든 사원이 피부에 와닿게 실감하면서 회사 실태를 이해할 수 있게 된다. 모든 사원이 참가하는 경영을 실현하려면 구체적인 목표를 세우고 현재의 결산 결과를 사원들이 실시간으로 볼 수 있도록 하는 것이 중요하다.

Q3 목표를 달성할 때 '경영철학'은 왜 필요한가?

"경영철학이 중요하다"고 하면 매번 듣는 말이라며 귀찮아하는 사람도 있을 것이고 '회사가 사상까지 강제하려 드는가'라며 반발하는 사람도 있을 것이다. 생각이나 철학은 개인의 자유이기 때문이다. 민주주의 사회에서 사상의 자유는 기본이다. 그런데도 나는 왜 경영철학과 관련해 "이런 사고방식을 가지라"고 하면서 여러분을 설득하려 할까? 거기에는 그럴만한 이유가 있다.

개개인이 어떤 철학이나 사상, 사고방식을 갖고 살아가는지는 기본적으로 자유에 속한다. 다만 그것은 자신이 믿는 사고방식으로 살았을 때 그 인생의 결과에 대해서도 스스로 책임지는 것을 전제로 한다. 즉, 사고방식이 자유롭다면 그와 동시에 자신이 선택한 사고방식으로 인해 나타난 결과도 스스로 책임을 져야 하는 것이 자유로운 사회의 철칙일 것이다.

우리가 등산할 때를 예로 들어 설명해보겠다. 가족을 데리고 하이킹 삼아 해발 100미터 정도의 작은 언덕에 오르는 것도 등산이다. 그와 달리 높은 산을 목표로 하는 본격적인 등산도 있다. 특히 에베레스트와 같이 세계 최고봉 산에 오르려면 암벽 등반 기술이나 사전 훈련은 필수다. 물론 겨울 산에 대비한 전문가용 장비도 필요하다. 험준한 산은 이런 모든 조건을 갖춘 뒤에야 비로소 정복할 수 있는 것이다.

'인생'이라는 산을 오를 때도 마찬가지다. 자신이 어떤 산을 오르고 싶은지, 어떤 인생을 살고 싶은지를 먼저 스스로 물어야 한다. 그러고는 오르고 싶은 산에 맞춘 준비물과 사고방식을 갖춰야 한다. 인생의 목표에 맞춰 준비하고 생각을 가다듬어야 하는 것이다.

그럼에도 불구하고 세상 사람들은 "어떤 사고방식을 갖든 자유잖아요. 내 마음이잖아요"라고 말한다. 편안한 사고방식으로 편히 살고 싶다면 그것도 괜찮다. 다만 그런 사고방식으로 오를 수 있는 것은 기껏해야 해발 100미터 정도의 하이킹 코스라는 사실을 직시해야 한다.

나중에 사람들은 "이럴 줄 몰랐다. 나는 좀 더 멋지고 충실한 인생을 살고 싶었다"며 한탄한다. 하지만 노력도 하지 않고 준비도 하지 않은 채 에베레스트 산에 오를 수는 없다. 만약 그런 무모한 등산을 시도했다가는 조난되어 목숨까지 잃게 된다.

어떤 사고방식을 갖든지 상관은 없지만, 먼저 '어떤 산에 오르고 싶은가'를 정해야 한다. 자신이 어떤 인생을 원하는지, 또 회사를 경영하는 입장이라면 중소기업인 상태로 그냥 남을 것인지 아니면 대기업을 목표로 나아갈 것인지를 정해 자신이 올라갈 산부터 결정을 해야 한다.

만약 '세계적인 대기업과 어깨를 나란히 하는 훌륭한 회사를 만들자'고 생각했다면 어중간한 사고방식이나 철학, 사상으로는 그것이 이뤄질 리 만무하다. 그러한 높은 목표를 향해 나아가려면 그에 맞는 고차원적인 '경영철학'을 지녀야 한다.

나는 어중간한 사고방식을 가진, 어중간한 회사로 끝낼 생각은 전혀 없었다. 그렇기에 제멋대로 하려는 사고방식을 가진 사람들은 자신의 사고방식이 통하는 회사를 찾아가는 편이 낫다.

관리직에서 일하는 사람들도 무조건 "그런 사고방식은 안 된다. 이런 사고방식이어야 한다"고 밀어붙이려고만 해선 안 된다. 왜 그것이 필요한지를 먼저 사원들에게 알려줘야 한다.

"우리 회사는 이런 높은 산에 올라가려 합니다. 그러기 위해서는 사원 여러분도 높은 산에 올라갈 준비와 사고방식을 갖추고 있어야 합니다"라고 설명한다면 사원들도 이해해줄 것이다.

　중소기업 경영인들에게 경영자 본연의 자세를 강연할 때에도 나는 "당신은 어떤 산에 오르고 싶습니까? 오르고 싶은 산이 어떤 산이냐에 따라 사고방식도 달라집니다"라고 이야기한다.

　기업이라는 것은 경영자의 그릇 이상으로 커지지 않는다. 그렇기에 경영인이나 간부, 나아가서는 사원에 이르기까지 기업에 근무하는 모든 이들의 역량을 키워나가야 한다. 이처럼 인간의 그릇을 키우기 위한 작업이 경영철학을 공부하는 일이다.

강렬한 열망을
가슴에 품는다

잠재의식에 투영될 정도로
강하고 지속적인 열망을 갖는다

어느 정도로 강하게 가질 것인지가
성공의 열쇠

　나는 마음에 그린 대로 모든 일은 성취된다고 생각한다. 즉 '어떻게든지 달성하고 싶다'는 열망을 얼마만큼 강하게 가지는가? 그것이 성공의 열쇠가 된다고 생각한다.

　그렇기에 '강렬한 열망을 가슴에 품는다'를 세 번째로 정하고 '잠재의식에 투영될 정도로 강하고 지속적인 열망을 갖는다'를 부제로 내걸었다. 잠재의식을 일깨우면 경영을 크게 확장시킬 수 있다.

잠재의식이란 무엇인가. 인간에게는 '현재의식'과 '잠재의식'이 있다고 일컬어진다. 나는 지금 현재의식에서 여러분에게 말하고 있다. 여러분도 현재의식으로 내 이야기를 듣고 있을 것이다. 즉, 현재의식은 깨어 있는 의식으로 자유롭게 구사할 수 있는 것이다.

이에 반해 잠재의식은 평소 의식 아래에 가라앉아 있어 표면에 드러나지 않는다. 자신의 뜻대로 컨트롤할 수 없는 것이 잠재의식이다.

심리학자에 따르면, 잠재의식은 현재의식보다도 훨씬 큰 용량을 갖고 있다. 우리가 태어나 죽기까지 체험한 것이나 보고 들은 것, 느낀 것이 모두 축적돼 있다. 우리는 일상생활에서 이 잠재의식을 알지 못한 채 사용하곤 한다.

일례로, 옛날부터 내가 자주 말해왔던 것이 자동차의 운전이다. 배울 무렵에는 '오른손으로 핸들을 잡고 왼손으로 기어를 조작해 오른발로 액셀이나 브레이크를 밟는다'와 같이 자동차의 조작을 머리로 이해한다. 즉, 현재의식을 구사해 운전이라는 행위에 집중하려 한다.

그러나 익숙해짐에 따라 전혀 의식하지 않고도 자동차를 조작할 수 있게 된다. 심지어 다른 생각을 하면서도 운전을 할 수 있게 된다. 현재의식으로 자동차의 운전을 반복하는 동안 그것이 잠재의식에 침투하고 무의식 중에 잠재의식이 작용하여 손발을 움직이게 하는 것이다.

반복적인 경험을 통해
잠재의식을 일깨운다

잠재의식을 자유자재로 활용하는 방법에는 두 가지가 있다.

첫 번째는 충격적인 인상을 받는 것이다. 강렬한 경험을 하거나 강한 충격을 받았을 때 그것이 잠재의식에 들어감과 동시에 언제든지 현재의식으로도 나온다.

예를 들면 죽음 직전에는 주마등처럼 옛날 일이 기억된다고 한다. 콤마 몇 초라는 짧은 순간에 한 생애의 장면들이 영화 필름처럼 차례로 비친다고 하는데, 이것은 잠재의식에 축적되어온 기억이 죽음이라는 일생일대의 큰일을 겪으면서 현재의식에 직결되어 나오는 것이다.

하지만 이러한 경험은 원한다고 해서 얻어지는 것이 아니다.

두 번째는 자동차 운전의 예처럼 반복해서 경험하는 것이다. 반복에 반복을 하고 몇 번이고 경험함으로써 잠재의식을 사용할 수 있게 되는 것이다.

예를 들어, '매출을 얼마만큼 올리겠다', '이익을 얼마 내겠다'라는 경영목표를 세우고 그것을 아침에 일어나 밤에 잠들 때까지 낮이고 밤이고 24시간 내내 생각하는 것이다. 그러면 강하게 바랐던 열망이 그 사람의 잠재의식 속에 들어오게 된다.

회사에 있으면 여러 안건을 처리해야 하므로 24시간 내내 하나하나의 목표만을 계속 생각할 수는 없다. 그렇지만 그 목표가 잠재의식에 들어오면, 다른 생각을 하더라도 '매출을 얼마만큼 올린다'라는 강한 의식이 작용해 그 방향으로 자연스럽게 향하게 된다.

강한 열망은
한순간의 기회도 놓치지 않는다

여러분이 경영하는 회사가 신사업 분야에 진출한다고 생각해보자. 그 사업 분야는 지금까지 해왔던 분야가 아니라서 사내에는 전문 지식이나 노하우를 습득한 인재가 없다. 하지만 어떻게든 해보고 싶다고 강하게 열망하고 매일 머릿속에서 시뮬레이션을 반복해가면 머지않아 그 생각은 잠재의식에도 침투해 들어간다.

그러던 어느 날, 술집에서 술을 마시고 있을 때 옆자리에서 전혀 모르는 사람의 말소리가 들려온다. 그것은 때마침 자신이 하고 싶어 하는 분야에 관한 이야기로, 그 사람은 알고 보니 전문 기술자다.

무심코 "죄송합니다. 이야기를 듣고 있었습니다만"이라고 말을 건다. 그게 인연이 되어 잘 모르는 사람이었는데도 결국 그 사람은 입사하게 되고 그것을 계기로 신사업을 전개해 나가게 된다. 그런 일은 흔히 일어나는 일이다.

나에게도 그런 일이 있었다. 1983년 여름이었다. 아직 교토의 중견기업이었던 교세라는 국가사업인 전기통신사업 진출을 꾸준히 검토하고 있었다. 그때 내가 부회장을 맡고 있던 교토상공회의소에 NTT의 기술 분야 간부가 강연을 하러 왔었다. 이 만남을 계기로 계획은 단번에 진척됐다.

보통이라면 강사로 초대된 그 기술 분야 간부와의 만남은 그냥 지나칠 수도 있었던 일이라고 생각한다. 하지만 내 잠재의식 속에서 강한 열망이 솟아나왔다. 그 때문에 한순간의 만남도 놓치지 않고 멋진 기회로 살려내며 사업을 성공으로 이끌 수 있었다. 나는 그렇게 생각한다.

일본항공 재건 과정에서 보인
강렬한 열망

일본항공의 재건 역시 그러했다. 나는 2010년 2월 정식으로 일본항공 회장으로 취임했지만, 그때에는 이미 기업재생지원기구企業再生支援機構가 만든 사업재생계획이 결정돼 있었다.

그 주된 내용은 대폭적인 채권 삭감, 1만 6,000명에 이르는 인력 감축, 급여의 20~30% 삭감, 국내외 노선 40% 축소, 대형 항공기 퇴역 등이었다. 이를 토대로 1년째는 641억 엔, 2년째에는 757억 엔의 영업이익을 내고 3년째에는 재상장해서 기업재생지원기구로부터 받은 출자금을 국가에 돌려준다는 내용이었다. 지금까지 누구도 경험한 적 없는 험난한 목표여서 많은 언론들이 달성하기에 불가능한 계획이라고 단언했다.

그렇지만 나는 일본항공 회장으로서 이 재생계획을 어떻게든 성공적으로 수행해야 한다는 강한 의지를 갖고 있었다. 회장 취임 인사로 일본항공의 전 사원에게 다음과 같은 메시지를 전했다.

'새로운 계획의 성취는 불요불굴不撓不屈의 정신에 달렸다.

오로지 외곬으로 생각하고, 고상하고, 강하고, 한결같이.'

이 문구는 예전 교세라에서 신성장 전략을 도입하고 그것을 실현하려 할 때 슬로건으로 내걸었던 것이다. '새로운 계획을 성취하기 위한 열쇠는 무슨 일이 있더라도 결코 꺾이지 않는 마음이다. 그렇기에 강렬한 사명감과 열망을 지속적으로 품어야 한다'는 뜻이다.

이것을 일본항공의 재건에 비유했다. 여기서 '새로운 계획'이란 사업재생계획을 말한다. 이를 달성하기 위해서는 일본항공의 재건을 맡은 사람이 '불요불굴의 정신', 즉 무슨 일이 있어도 꺾이지 않는 한결같은 마음을 지니고 있어야 한다고 생각했다. 또 매우 순수하고 강한 의지, 강한 열망을 계속 품고 있어야 한다고 생각했다.

이것은 사업재생계획을 추진할 때 필요한 마음가짐으로 일본항공의 전 사원들에게 강조했다. 회사 여기저기에 이 문구를 넣은 포스터를 게시하고 나아가 사내보의 표지에도 이 문구를 게재하는 등 사업재생계획의 실현을 위한 슬로건으로 모든 사원에게 전파했다.

동시에 연일 회의에서도 나는 이 문구가 의미하는 것처럼 어떤 어려움이 있더라도, 아무리 고생이 되더라도 재건을 위해 함께 나아가자고 당부했다. 그렇게 해서 어떻게든 사업재생계획을 달성하겠다는 불퇴전의 결의와 그것을 달성하려는 강렬한 열망을 나뿐만 아니라 집단의 공통 목표로 삼았다.

일본항공은 모두가 달성하기 어렵다고 여기던 사업재생계획을 그보다 훨씬 뛰어넘어 달성했고 2012년 9월 재상장했다.

목표가 어렵고 높을수록 그것을 실현해가려면 강렬한 열망을 계속 품는 것이 중요하다. 모쪼록 목표를 높게 잡고 그 실현을 위해 강렬한 열망을 계속 간직했으면 한다.

요점

- 목표를 이루고 싶다는 '열망'을 얼마나 강하게 갖고 있는가?
- 잠재의식에 도달할 정도로 강하게 마음먹고 있는가?
- 한순간의 기회도 놓치지 않도록 늘 열망을 품고 있는가?
- 순수하고 강한 의지가 조직 전체에 공유되고 있는가?

보강

Q1 왜 생각을 품는 것이 중요한가?

'정신론'이라면서 웃을지도 모르겠지만 극단적으로 말하자면 마음에 품은 생각, 열망이 우리의 인생을 좌우한다고 생각한다. 당신이 지금 걷고 있는 인생은 당신이 마음속에 그린 것이다.

자신이 걷고 있는 인생을 타인에게 맡기고 있는 사람도 있다. 자기 자신이 만들어가는 것이라 생각하지 않고, 여러 가지 일들로 인해 지금의 인생이 주어진 것이라 생각하기 쉽지만 그렇지 않다. 그야말로 당신의 마음이 초래한 것이다. 당신의 생각이 오늘의 당신을 만들고 있는 것이다.

그런 의미에서는 어떤 생각을 마음에 품는가가 특히 중요하다. 이런 생각과 관련해 기억나는 것이 있다. 교세라를 창업한 지 얼마 되지 않은 시절이었다. 어떻게 하면 경영을 잘할 수 있는지 몰랐던 나는 마쓰시타 고노스케松下幸之助 마쓰시타전기산업 창업자의 소책자 〈PHP〉를 사서 읽었다. 사원들과 정독하고, 경영이 무엇인가에 대해 조금이나마 이해해보려고 했다.

그 무렵 고노스케의 강연회가 있었다. 이야기를 듣고 싶다고 생각하고 업무 도중에 짬을 내어 달려갔지만 앉을 자리가 없어 맨 뒤에 서서 강연을 들었다.

고노스케는 '댐식 경영ダム式経営'을 설명했다.

"비가 내리면, 댐에 물을 담아 홍수를 막고, 햇볕이 날 때 방류하여 물 부족을 해결합니다. 경영도 마찬가지입니다. 경기가 좋을 때 이익이 나면 그것을 축적해 경기가 나쁠 때를 대비해야 합니다. 그런 댐과 같은 여유가 있는 경영을 하지 않으면 안 됩니다."

강연이 끝나자 나이 드신 분이 질문을 했다.

"고노스케 씨의 훌륭한 이야기 잘 들었습니다. 여유가 있는 댐식 경영을 해야 한다고 말씀하셨는데, 제게는 여유가 없습니다. 여유가 있는 경영을 하려면 어떻게 해야 합니까? 구체적으로 알려주셔야 저희가 도움을 얻을 수 있을 것 같습니다."

고노스케는 그 질문에 한순간 말문이 막힌 듯했다. 내가 고노스케라면 "구체적인 것은 저도 잘 모릅니다. 저도 알고 싶네요"라고 대답을 했겠지만, 고노스케는 호흡을 가다듬고서 이렇게 말했다.

"그렇게 생각하시면 안 됩니다."

여유가 있는 경영을 할 수 없다고 생각하면 안 된다. 마음먹는 순간에는 할 수 있는 게 없다고 생각하기 쉽지만 그게 아니다. 할 수 있다고 생각하는 것이 제일 중요하다. 고노스케는 이렇게 말하고 싶은 듯했다.

"질문자께선 마음먹는 순간에 할 수 없다고 생각하기 때문에 할 수가 없는 겁니다. 우선은 된다고 생각하는 것부터 시작해보세요. 그렇게 되고 싶다고 생각하면 어떻게든 그것을 실행하려 할 것입니다. 그러니까 우선은 된다는 생각부터 하십시오."

애초에 생각지도 않았던 것을 할 수 있을 리가 없다. 우리의 생각이 우리 인생을 만들어 가는 것이다. 생각하기 때문에 우리는 행동으로 옮기고 말을 꺼내게 된다. 우리가 해온 일들은 모두 생각이 만들어낸 것이다.

Q2 생각은 항상 실현되는가?

1982년 교토세라믹 주식회사가 '교세라 주식회사'로 새롭게 닻을 올렸을 때, 경영 슬로건으로 내가 사내에 내걸었던 문구가 아래 내용이다.

'새로운 계획의 성취는 불요불굴의 정신에 달렸다.

오로지 외곬으로 생각하고, 고상하고, 강하고, 한결같이.'

이것은 적극적인 사고로 깨달음을 얻은 요가의 달인 나카무라 텐푸中村天風가 새로운 계획이나 목표를 달성하는 데 필요한 마음가짐을 설명하면서 했던 말이다.

이어서 나카무라 텐푸는 이렇게 말했다.

"만약 인생행로의 중간에 도도한 운명의 탁류에 휩쓸려도, 또 불행 병마의 포로가 된다 해도 꿈에서라도 허둥대지 마라. 무서워하지 마라."

이것은 인생의 중간 항로에서 운명에 농락당한다 하여도, 불행에 휩싸인다고 해도, 혹은 병에 걸렸다고 해도 한결같이 성공하는 생각을 해야지 고민하거나 괴로워하거나 무서워해서는 안 된다는 뜻이다. 즉, 새로운 계획이나 목표가 달성되지 않는 것은 아닐까라는 의심을 조금이라도 가지면 안 된다. 그러한 일체의 의심을 불식시켜야 한다.

많은 사람들은 '이러고 싶다'라고 생각을 하다가도 곧바로 '이러한 까다로운 조건 때문에'라며 생각을 접기가 쉽다. 하지만 '이렇게 되고 싶다'라는 생각에 조금이라도 망설임이나 흔들림이 있어선 안 된다. 다루기 어려운 과제일수록 더욱 그러하다. 조금이라도 '이것은 어렵다'고 느낀다면 절대로 일은 성취되지 않는다. '어떻게든 이것을 실현하지 않으면 안 된다'는 강렬한 열망을 품고 있어야 한다.

'그렇게 생각했지만 실제로는 어렵다'는 부정적인 말은 절대로 입 밖에 내서는 안 된다. 그런 의심이 솟아나면 바로 그것을 불식시키려 노력하는 것이 중요하다.

자신의 가능성을 오롯이 믿고 그 실현을 위해 무엇인가를 생각하는 것만으로도 괜찮다. 아무것도 걱정할 필요가 없다. 인간의 생각이라는 것은 우리의 상상을 뛰어넘는 굉장한 힘을 지니고 있다. 우선은 일절 의심하지 않고 '어떻게든 그것을 실현하고 싶다'는 강렬한 열망을 품어야 한다.

물론 그냥 생각하는 것만으로 모든 것이 성취되는 것은 아니다. 강하게 열망한다면, 다음에는 '누구에게도 지지 않을 노력'(이 책 제4조)을 부지런히 기울이는 것이 필요하다. 그렇게 하면 반드시 일은 실현된다.

Q3 강하고 고상하고 순수한 생각이란?

강한 열망을 마음에 품었을 때, 단지 강하기만 한 것이 아니라 바르고 순수한 것도 중요하다. 나카무라 텐푸가 "오로지 외곬으로 생각하고, 고상하고, 강하고, 한결같이"라고 말했던 것처럼 고귀하고 순수한 생각을 한결같이 강하게 갖는 것이 중요하다.

이는 내가 제2전전을 창업했을 때를 돌이켜보면 여러분도 잘 이해할 수 있지 않을까 생각한다. 당시 자금도 기술도 없는 우리가 갖고 있던 것은 단 하나, '국민을 위해 저렴하게 통신서비스를 제공한다'는 사명감뿐이었다.

'일본의 전기통신요금은 지나치게 비싸다. 이 통신요금을 저렴하게 하지 않으면, 앞으로 도래할 정보화 사회에서 국민들은 큰 부담을 지게 된다. NTT의 독점으로 비싸진 통신요금을 싸게 하기 위해서는 경쟁사가 나타나 시장에서 정정당당하게 경쟁하고 통신요금을 낮추게 만들어야 한다.'

일본이라는 나라는 여론을 비롯해 강한 상대에 대해서는 약한 나라다. 그런 만큼 나는 '독점체제를 용인하는 사회에선 통신요금이 절대 낮아지지 않는다. 공정한 시장 경쟁을 실현함으로써 통신요금을 싸게 만들어야 한다'고 강하게 마음먹고 제2전전을 설립하려 했다.

하지만 그것만으로 진입 의사를 표시하지는 않았다. 나는 약 반년에 걸쳐 '동기가 선한가, 사심은 없는가'라고 스스로에게 엄중히 물었다.

'나는 교세라라는 지방의 중견기업을 모체로 해서 제2전전을 설립하고자 한다. 그것이 국민을 위해 통신요금을 싸게 해주고 싶다는 순수한 마음에서 나온 것이 맞는가? 나의 행동에 과장은 없는가? 나의 동기는 선한 것인가? 거기에 사심은 없는가?'

나 스스로에게 반년간에 걸쳐 엄중히 물었다. 신전전을 만들고 싶다고 강렬하게 원했던 나 자신의 마음에 일체의 사심이 없고 바르고 순수한 마음에서 비롯된 것임을 확인한 뒤에야 신전전을 설립하며 이 시장에 뛰어들었다.

제2전전을 설립했을 때 나는 아직 52세였다. 교세라의 매출도 연결재무제표로 2,200억 엔 정도밖에 안 되는 규모였다. 그러한 교토의 중견기업이 매출 수조 엔의 NTT를 상대로 일전을 벌였기에 돈키호테라고 불린 적도 있다.

하지만 틀림없이 성공할 것이라고 여겨졌던 2개 경합회사는 소멸했고, 망할 것이라고 평가되던 제2전전은 신생 KDDI로 훌륭하게 성공을 거두었다. 이는 오로지 '동기가 선한가, 사심은 없는가'라고 자신에게 물어가며 국민을 위해 통신요금을 싸게 하고 싶다는 순수한 마음으로 회사를 창업해 한결같이 노력을 계속해온 결과였다.

그러한 나의 순수한 마음과 한결 같은 노력에 제2전전의 간부나 사원들은 진심으로 분골쇄신하여 노력해주었다. 또 대리점을 시작으로 거래처 분들도 감명받아 열심히 지원해주었다. 더 나아가 고객인 일반 국민들도 그러한 제2전전을 따뜻하게 지지해주었다.

여담이지만, 제2전전의 창업에 있어서 나는 주식을 한 주도 갖지 않았다. '동기가 선한가, 사심은 없는가'를 스스로에게 물어가면서 순수한 마음에서 발로되어 창업한 사람이 주식을 가져서는 안 된다고 생각했기 때문이다. 만약 주식을 갖고 있었다면, 상장할 때 엄청난 차익을 얻게 되었을 것이다. 상장 후에야 겨우 시장에서 일부 주식을 샀을 뿐이다. 이는 제2전전의 회장이 1주도 안 갖고 있으면 어울리지 않는다고 생각했기 때문이었다.

여러분은 그런 단순한 일로 비즈니스의 성공 여부가 좌우되겠느냐고 생각할지 모른다. 하지만 나는 제2전전의 성공이 그것을 증명한다고 생각한다. 동시에 바르고 순수하고 강렬한 열망과 한결같은 노력이 얼마나 엄청난 힘을 발휘하는지 다시 한번 실감했다.

'깨끗한 사람일수록 눈앞의 목표도, 인생의 목적도 혼탁한 사람보다 훨씬 쉽게 달성하는 경향이 있다. 혼탁한 사람은 패배를 두려워해서 한 발도 내딛지 못하는 장소인데도 깨끗한 사람은 아무렇지 않게 발을 내딛거나 심지어는 손쉽게 승리를 따내는 사례가 적지 않다.'

이것은 20세기 초반, 영국에서 활약한 계몽사상가 제임스 앨런이 했던 말이다. 이 말을 접했을 때 나도 실감하고 있던 내용이라서 '멋지게 표현했구나' 하고 생각했다.

독점 기업인 NTT는 메이지 이래 국가 예산으로 전국의 전화망을 정비했다. 그런 NTT에 대항하는 것은 터무니없는 일이며, 매우 위험하다고 누구도 손을 내밀려 하지 않았다. 하지만 나는 돈키호테처럼 나서서 성공을 이뤄냈다.

이런 상황을 제임스 앨런이 멋지게 설명하고 있다고 느꼈다. 즉, 생각이 모든 일을 실현시킨다. 그 생각이 강렬할 뿐만 아니라 바르고 순수할수록 성공 확률은 한층 높아지고 그 성공도 오랫동안 지속될 수 있는 것이다. 이는 나 자신의 인생을 통해 실증된 진리이며, 흔들리지 않는 신념이기도 하다.

제4조

누구에게도
지지 않을 노력을 한다

사소한 일도 한 걸음 한 걸음 충실하게,
끊임없이 노력한다

전력 질주로 마라톤에 임한다

성공으로 이르는 길에 지름길은 없다고 생각한다. 노력이야
말로 성공에 대한 왕도다. 교세라가 불과 반세기 만에 오늘에
이르는 성장 · 발전을 이뤄낸 데에는 노력 이외에 다른 이유가
없다.

다만, 교세라의 노력은 평범하지 않았다. 누구에게도 지지
않을 정도의 노력을 계속 기울여온 것이다. 여기서 '누구에게
도 지지 않는다'는 것이 중요하다. 누구에게도 지지 않을 노력
이 아니면 기업을 성장 · 발전으로 이끌 수가 없다.

교세라를 창업할 당시에는 자기 자본도, 설비도 충분하지 않았고 경영 실적이나 경험도 없었다. 오로지 자신들이 쏟아낼 수 있는 노력만큼은 무진장이라 생각하고 밤낮없이 일에 몰두했다.

매일 집에 언제 돌아왔는지, 잠을 언제 잤는지 모를 정도로 일했다. 나중에는 모두가 지쳐 쓰러졌다. 그리고 "이런 엉망진창인 상황이 계속된다면 몸이 버텨낼 수 없다"는 사원들의 목소리가 들려왔다.

나 자신도 불규칙한 생활을 계속했다. 짧은 수면 시간은 기본이고 식사도 정해진 시간에 할 수 없는 여건이었다. 이런 생활이 오래 지속될 리가 없다고 생각했지만, 나는 간부들을 모아놓고 다음과 같이 말했다.

"기업 경영이 어떤 것인지 잘 모르겠지만, 아마도 마라톤에 비유하자면 장기 레이스일 것이다. 그렇다면 우리는 마라톤에 처음 출전한 초보자 집단이다. 그것도 업계 후발주자로 뒤늦게 스타트를 끊은 셈이다. 선발주자인 대기업은 선두 집단을 형성해 이미 코스 중반에 다다르고 있다. 경험도 기술도 없는 초보 러너가 많이 늦은 상태에서 그냥 달린다면 승부가 될 리 없다. 그러니 우리 처음부터 전력 질주를 해보자.

그렇게 막무가내로 돌진하게 되면 몸이 버틸 수 없다고 모두가 생각할지도 모른다. 아마 그럴 수도 있겠다. 100미터 달리기 속도로 42,195km의 마라톤 풀코스를 달릴 수 없다고 생각하는 것은 당연하다. 그렇지만 초보 러너가 일반 속도로 천천히 달린다면, 선두 집단은 훨씬 앞서가게 된다. 승부가 되지 않는 것은 물론이고 점점 더 거리가 멀어지게 될 것이다. 그러니 짧은 시간이라도 전력 질주해 승부를 걸어보자."

이처럼 사원들을 설득해 교세라는 전력 질주를 계속해 왔다.

'자기 나름의 노력' 만으론
치열한 기업간 경쟁에서 승리할 수 없다

그 결과, 교세라는 멈추지 않고 발전에 발전을 거듭해왔다.

그때 일은 잊을 수 없다. 창업 후 12년이 흐른 1971년 주식 시장에 상장했을 때였다. 공장의 빈터에 전 사원들을 모아놓고 감격의 눈물을 흘리며 다음과 같이 이야기했다.

"100미터 달리기를 하는 속도로 마라톤을 뛴다면, 도중에 쓰러지거나 낙오할 것이라고 여러분도, 나도 그렇게 생각했다. 그렇지만 시종일관 뒤따라가는 승부를 하기보다는 짧은 기간만이라도 승부를 벌인다는 마음으로 우리는 전력 질주했다. 그리고 어느새 그것이 몸에 배어 그 속도를 유지하면서 지금까지 계속 달릴 수 있게 됐다. 그러면서 앞서가던 주자들이 그리 빨리 달리지 않는다는 것도 깨닫게 됐다. 선두 집단의 뒷모습이 보이면서부터 우리는 더욱 속도를 내어 열심히 달렸다. 지금은 제2집단을 제쳤고 선두 집단이 시야에 들어와 있다. 이 상태로 선두 집단을 추격해보지 않겠는가?"

이처럼 전력 질주로 마라톤 풀코스를 달려가는 노력이야말로 누구에게도 지지 않을 노력인 것이다.

경영자 분들에게 "노력하고 있습니까?"라고 물으면 "저 나름대로 열심히 하고 있다"는 대답이 돌아오곤 한다. 하지만 기업 경영은 경쟁이다. 경쟁 상대가 자신의 능력 이상으로 노력한다면 어중간한 노력으로는 성과를 내기 어렵다. 경쟁에서 패하고 쇠퇴할 수밖에 없다.

'자기 나름대로 노력하고 있다'는 정도로는 기업을 성장시킬 수 없다. 혈투라고 할만한 치열한 기업 간의 경쟁에서 이기고 성장·발전해가기 위해서는 무엇보다 '누구에게도 지지 않을 노력'을 해야 한다.

누구에게도 지지 않을 노력을
끊임없이 계속한다

또 하나 중요한 것은 누구에게도 지지 않을 노력을 끊임없이 계속해 나가는 일이다. 어떤 위대한 일도 착실하게 한 걸음 한 걸음씩 끊임없이 노력했기에 이뤄졌을 것이라고 생각한다.

교세라는 마쓰시타전자공업松下電子工業이 만드는 TV 브라운관용 파인세라믹스 부품을 제조하기 위해 창업했다. 당시 일본에서 교세라로서는 만들기 어려운 제품이었지만, 그렇다고 해도 1개 9엔에 불과한 제품이었다. 주문은 몇만 개, 몇십만 개 단위로 받아서 마쓰시타전자공업에 납품했다.

파인세라믹스는 첨단 재료다. 하지만 도자기와 같은 도기의 종류로 생산 공정은 그다지 화려하지 않다. 원료 분말을 굳혀서 화로에 넣어 굽는 작업을 반복하면서 생산해오고 있다.

아무리 열심히 한다고 해도 1개 9엔에 불과한 저렴한 제품을 대기업 전기 메이커의 하청업체로서 생산하고 있다면 기업을 성장시키기 힘들다고 생각하기 쉽다. 그러나 대기업이 되어 지금도 성장·발전을 거듭하고 있는 기업의 지난날들을 되돌아보면, 아주 작은 규모로 시작했지만 아이디어를 짜내고 창의력을 발휘하면서 사소한 일에도 끊임없이 노력해왔다는 사실을 알 수 있다. 처음부터 장대한 사업이 있을 리 만무하다.

기업이 발전하기 위한 요체는 결코 어려운 데 있지 않다. 사소한 일도 한 걸음 한 걸음씩 충실하게, 누구에게도 지지 않을 노력을 끊임없이 기울여 나가는 데 있다.

모쪼록 이것을 이해하고, 누구에게도 지지 않을 노력을 매일 당당하게 지속해 가기를 바란다. 누구에게도 지지 않을 노력을 계속하다 보면 틀림없이 여러분의 회사를 상상도 할 수 없을 정도의 위대한 기업으로 탈바꿈시킬 수 있을 것이다. 또 경영자인 여러분 자신의 인생에도 수많은 결실이 안겨질 것이다.

요점

- '노력' 하지 않은 채 성공의 지름길을 찾고 있지는 않은가?
- '자기 나름대로'가 아니라 '누구에게도 지지 않을' 노력을 하고 있는가?
- 누구에게도 지지 않을 노력을 솔선수범하고 있는가?
- 기업 차원에서 사소해 보이는 곳에도 한 걸음 한 걸음씩 노력을 계속하고 있는가?

보강

Q1 노력을 하게 만드는 비결은?

경영에 있어서 가장 중요한 것은 리더나 경영 간부들이 '누구에게도 지지 않을 노력'을 하는 것이다. 그것으로 기업 경영이 결정된다고 해도 과언이 아니다.

경기가 나빠졌을 때도 푸념하지 않고 필사적으로 노력하는 경영자들이 있다. 일반적이라면 이렇게 경기가 나빠졌기 때문이라며 푸념을 늘어놓거나 불평불만을 토로하겠지만, '그래도 어떻게든 해내겠다'며 필사적으로 노력하는 기업도 있다. 그런 회사는 매우 견실한 경영을 해오고 있기 때문에 어느 정도 불황이 닥쳐도 흔들리지 않는다.

또 전기를 읽어보면 알 수 있지만, 위대한 발명이나 발견을 한 사람들은 모두 장기간에 걸쳐 사소하게 보이는 일들을 한 걸음 한 걸음씩 계속해온 사람들이다. 뛰어난 예술가나 한 분야를 섭렵한 장인들도 그러하다.

수수하고 단순하게 일에 평생을 바치는 사람이 훌륭한 인물이 되어 간다. 즉, 누구에게도 지지 않을 노력을 하는 것이 '평범한 사람'을 '비범한 사람'으로 바꿔놓는 것이다.

나처럼 경영자로서의 재능이 없을 것 같은 사람이 훌륭한 경영자가 되려면 어떻게 하면 좋을까. 어디에나 있을 법한 '평범한 사람'을 '비범한 사람'으로 바뀌게 하는 것은 끊임없는 노력이다. 평생토록 그런 노력을 해온 사람이 명인이나 달인이라고 일컬어지게 된다.

그런 사실을 깨달은 나는 누구에게도 지지 않을 노력을 게을리하지 않고 지금도 계속해오고 있다.

내 경우에는 노력을 계속할 수밖에 없었기 때문에 그렇게 해왔지만, 나중에 깨달은 사실도 있다. 그것은 수수하게 열심히 일을 하는 동안 일이 좋아지게 된 것이다.

그런 다음부터는 아침 일찍부터 늦은 밤까지 촌각을 아껴가며 일을 해왔다. 옆에서 보면, '왜 저렇게 일하는 걸까'라고 애처로운 느낌이 들 정도로 노력했다고 생각한다. 하지만 사실은 일이 좋아져서 그것에 푹 빠져버린 것이다. 일에 푹 빠져버렸기 때문에 나는 지금까지 계속 달려올 수 있었다고 생각한다.

'반하면 천 리도 한 걸음'이라는 말이 있다. 반한 사람을 만나고 싶다면, 천 리 길조차도 고통이 아니라 한 걸음으로 느껴진다. 장기간에 걸쳐 계속 노력하게 하는 원동력은 역시 '일을 좋아하는' 것이다. 일에 반해버리면 고생이라 여겨지던 것도 고생이 아니게 된다.

이를 깨닫고 나서부터 나는 젊은이들에게 "누구에게도 지지 않을 노력을 해야 하는데, 거기에는 비결이 있다. 여러분이 지금 하고 있는 일에 반해서 좋아하게 되는 것이다. 반해서 좋아하게 되면, 옆에서 볼 때 고생이라 여겨진다 해도 본인에게는 고통이 아니게 된다"고 말하곤 한다.

Q2 노력과 능력 중 어느 쪽이 중요한가?

인생이나 일로 결과를 내기 위해서는 '능력'이 필요하지만, 훌륭한 일을 해내려면 바보 취급당할 정도의 '열의'나 '노력'이 있어야 한다. 나아가 모두가 바보라 할 정도의 열정이나 노력을 훌륭한 것으로 여기는 '사고방식'이 매우 중요하다.

나는 이 '능력', '열의(노력)', '사고방식'이라는 3요소로 인생이나 일의 성과를 좌우하는 방정식이 만들어진다고 생각한다. 그것이 다음에 설명할 방정식이다. 인생이나 일의 결과는 이러한 3요소의 곱으로 결정된다고 생각한다.

인생·일의 결과 = 능력 × 열의 × 사고방식

이 방정식에 따르면 낙제하지 않을 정도인 60점의 능력밖에 없어도 80점의 열의로 노력한다면 4800점(=60점×80점)이라는 결과를 얻게 되는 것을 알 수 있다. 거기에 더해 90점의 열의로 노력한다면 5400점(=60점×90점)의 큰 성과를 얻게 된다.

그렇지만 우수한 대학을 나온 머리 좋은 사람이 90점의 능력을 갖고 있어도 머리가 좋다는 사실을 믿고 30점의 노력만 기울인다면 2700점(=90점×30점)의 결과밖에 얻을 수 없다.

그리고 거기에 '사고방식'이 더해진다. 사고방식은 마이너스 100점부터 플러스 100점까지다. 이것을 곱하게 되면 삐딱하게 세상을 부정적으로 바라보거나, 혹은 이기적으로 살려고 했을 때 결과가 모두 마이너스로 나타나게 된다.

나는 이 방정식에 따라 인생이나 일의 결과가 긍정적인 것이 되도록, 나아가 조금이라도 더 큰 성과를 내도록 힘써왔다. 다소 능력이 떨어지더라도 열정적으로 노력을 쏟고 긍정적인 사고방식으로 임하면 좋은 결과를 얻게 된다.

Q3 리더는 자신을 희생해야 하는가?

누구에게도 지지 않을 노력을 하고 있으면 일 중독이 되어버린다. 그런 의미에서 자신의 인생에 여유가 없고 취미마저 없어 놀지도 못한다며 비참하다고 생각한 적도 있다. 취미를 즐기지도 못하는 자신을 되돌아보며 스스로 인생에서 뒷걸음질치고 있다는 생각도 했지만, 그런 마음을 달래주는 말을 알고 나서 나는 구원을 받았다고 생각했다.

그것은 20세기 초 영국의 사상가 제임스 앨런의 말이었다. 일만 하다가 뭔가 다른 중요한 것을 잃어버린 것처럼 생각하던 나에게 그는 이런 말을 남겨주었다.

"성공을 얻지 못하는 사람들은 자신의 욕망을 전혀 희생하지 않은 사람들이다."

즉, 자신의 욕망을 전혀 희생하지 않은 사람들은 성공할 수 없다는 뜻이다. 게다가 제임스 앨런은 이런 말도 했다.

"만약 성공을 원한다면 그것을 위해 상당한 자기희생을 치르지 않으면 안 된다. 큰 성공을 바란다면 큰 자기희생을, 더 이상 없을 만큼 큰 성공을 바란다면 더 이상 없을 만큼 큰 자기희생을 치르지 않으면 안 된다."

한창 놀고 싶을 때부터 계속 자기희생을 할 수밖에 없었지만, 그것은 일을 성취한다거나 성공을 손에 넣기 위해 정당한 대가를 치르는 과정이라고 말해 주는 듯한 느낌이 들었다.

역시 그랬다. 그렇다면 교세라라는 기업이 여기까지 성공한 것은 우리가 그러한 자기희생을 치렀기 때문이다. 그 대가로 기업이 발전해온 것이라고 확신한다.

제5조

매출을 최대한 늘리고
비용은 최소한으로 억제한다

들어오는 것을 늘리고, 나가는 것을 억제한다
이익을 추구하는 것이 아니라
이익이 자연스럽게 따라오게 한다

'덧셈 경영'을 해서는 안 된다

교세라를 창업했을 때 나는 경영에 대한 경험이나 지식이 없었고 기업 회계에 대해서도 아는 것이 없었다. 그 때문에 회사의 경리과장에게 경리 실무를 맡겼다. 그리고 월말이 되면 그 사람을 붙들고 "이번 달 수지는 어떤가?"라고 묻곤 했는데 회계 관련 전문용어가 나오면 기술계 출신인 나로서는 통 알아들을 수가 없었다.

얼떨결에 나는 "어떻게든 매출에서 비용을 뺀 나머지가 이익이겠군. 그렇다면 매출을 최대로 하고 비용은 최소화하면 좋겠네"라고 그에게 말했다.

어쩌면 경리 담당자는 어이없어했을지도 모르겠다. 하지만 그 이후로 지금까지 나는 이 '매출 최대, 비용 최소'를 경영의 대원칙으로 삼아왔다. 매우 단순한 원칙이지만, 이 원칙을 꾸준히 실현함으로써 교세라는 튼튼한 고수익 체질을 지닌 기업이 될 수 있었다.

여러분은 경영의 상식으로 매출을 늘리면 그에 따라 비용도 늘어난다고 생각한다. 하지만 그렇지 않다. '매출을 늘리면 비용도 늘어난다'는 잘못된 '상식'에 사로잡히지 말고 매출을 최대한 늘리면서 비용은 최소한으로 억제하기 위한 창의력과 아이디어를 동원하는 것이 중요하다. 그런 자세가 높은 수익을 창출한다.

예를 들어, 현재의 매출을 100으로 보고 여기에 적합한 인력과 제조 설비를 보유하고 있다고 가정해보자. 여기서 수주가 150까지 증가했다면, 일반적으로는 인원을 50% 늘리고 설비도 50% 늘려 150의 생산을 하려고 한다.

이러한 '덧셈 경영'은 절대로 해서는 안 된다. 수주가 150까지 늘어나면, 생산성을 높여 본래라면 50% 늘려야 할 인원을 20%만 늘리거나 30%까지만 늘리도록 억제해야 한다. 그렇게 해야만 기업이 고수익 체질을 갖출 수 있다. 수주가 늘어나고 매출이 확대되는 기업의 성장시기는 그야말로 고수익 기업으로 경영체질을 바꿔놓을 수 있는 천재일우의 기회다.

그렇지만 대부분의 경영자들은 그런 호황기에 방만 경영을 일삼는다. '주문이 두 배가 되면 사람도, 설비도 두 배로 늘린다'는 더하기 공식으로 대응한다. 그러다가 상황이 급변해서 수주가 줄어들고 매출이 떨어지는 사태에 이르게 되면 비용 부담이 커진 탓에 적자 경영으로 전락하고 만다.

전원이 경영에 참여할 수 있는
구조를 만든다

'매출 최대, 비용 최소'를 실천하기 위해서는 조직별로, 그리고 실시간으로 영업실적을 알 수 있도록 하는 관리회계시스템이 필수적이다. 기업의 실적 향상에 기여하는 회계시스템을 구축하는 것도 경영자의 중요한 역할 중 하나다.

경영자의 강한 의지와 넘치는 열정, 그리고 누구에게도 지지 않을 노력으로 끊임없이 창의력을 발휘하고 궁리를 계속한다면 기업은 성장하고 발전할 수 있다. 그러나 기업을 키워나가는 과정에서 경영 실태를 제대로 파악하지 못한다면 조직은 정체될 수 있다. 그런 일을 피하려면 조직 규모가 커져도 그 실태를 실시간으로 파악하게 만드는 세밀한 관리시스템이 있어야 한다.

즉, 경영을 반석에 올려놓으려면 정교한 관리회계시스템 구축은 필수적이다. 이를 위해 내가 교세라를 창업한 지 얼마 안 되어 고심해 만든 것이 '아메바경영'이다.

아메바경영은 일반 재무회계와 달리 경영자가 경영하기 위해 사용하는 관리회계 방식이다. 교세라에는 지금도 10여 명으로 구성된 '아메바'라는 소집단이 1,000개 이상 짜여져 있다. 각 아메바의 리더가 마치 중소기업의 경영자처럼 자신의 아메바경영을 하고 있다.

아메바경영에서는 '각각의 아메바가 시간당 어느 정도의 부가가치를 창출하는가' 하는 독자적인 지표로 수지를 표시한다. 간단히 말하면 각각의 아메바 매출에서 사용한 비용을 모두 차감하고 남은 금액을 그 달의 총 노동시간으로 나눈 숫자를 지표 삼아 경영하고 있다. 이러한 구조를 우리는 '시간당 채산제'라고 부른다.

교세라에서는 이런 제도를 이용해서 매월 말 결산을 하면 다음 달 초에 부문별로 '시간당 채산표'라는 형태로 실적이 상세하게 표시된다. 시간당 채산표를 보면 어느 부문에서 이익을 올리고 있는지 손에 잡힐 듯이 보인다.

또 비용을 최소한으로 억제하기 위해 시간당 채산표에서는 지출 항목을 세분화하고 있다. 경리 부문에서 사용하는 일반 계정 과목보다 더 세밀하게 분류하여 현장에서 지출하는 실제 항목들로 구분해놓았다. 예를 들어 '광열비'라는 큰 묶음이 아니라 전기요금은 전기요금, 수도요금은 수도요금, 가스요금은 가스요금으로 항목을 나누어놓았다.

왜냐하면 실제로 현장에서 일하는 직원들이 바로 이해할 수 있어야 비용 삭감을 위한 구체적인 노력도 기대할 수 있다고 생각했기 때문이다. 이렇게 세분화된 숫자를 보면 '이번 달에는 전기요금의 비중이 너무 크다'와 같이 원인을 명확하게 찾게되고 그에 필요한 개선책도 마련할 수 있게 된다.

채산이 보이면 창의력이 발휘된다. 이 아메바경영은 일본항공의 재건에도 크게 기여했다. 간부나 현장 직원들의 의식 개혁을 추진하면서 나는 다른 한편으로는 항공 운수업에 적합한 관리회계시스템을 구축하는 데 주력했다.

그 필요성은 일본항공에 취임하자마자 체감했다. 내가 "현재의 경영 실적은 어떻게 되고 있는가"라고 물어도 좀처럼 수치가 나오지 않았다. 겨우 나온 것이 수개월 전 데이터로, 게다가 매우 거시적인 것이었다. 또 누가 어떤 손익에 책임이 있는지, 책임을 지는 시스템도 명확하지 않았다.

나아가 항공업계 이익은 비행기 운항으로 발생하는데도 노선별, 항공편별 채산을 물어도 전혀 알 수가 없었다. 지금까지 일본항공에는 그런 관리회계구조도 없었고 그렇게 파악해보려는 시도도 없었다. 어느 노선 또는 어느 항공편이 어느 정도의 이익을 내고 있는지 모르고 있었다. 그 때문에 지속적으로 적자를 내는 노선도 다수 있었다.

나는 노선마다, 항공편마다 실시간으로 채산을 알 수 있는 시스템을 만들지 않으면 회사 전체의 영업실적을 개선할 수 없다고 생각했다. 따라서 교세라와 KDDI뿐만 아니라 이미 수백 개의 회사에 도입된 아메바경영을 바탕으로 부문별, 노선별, 항공편별로 실시간으로 채산을 파악할 수 있는 시스템을 만들기로 했다. 나아가 각각의 책임자 중심으로 수익성을 높이기 위해 창의력을 발휘할 수 있는 구조도 만들었다.

그 결과 부문별로 상세한 실적이 다음 달에 나오게 됐다. 또 사원들은 자기 부문의 실적을 보고 조금이라도 채산성을 높이려고 열심히 일해주었다. 모든 비행 노선마다, 항공편마다 채산을 다음 달에 알게 되었고 수요에 맞추어 현장의 판단으로 장비를 바꾸거나 임시편을 조정하는 임기응변도 할 수 있게 됐다.

숫자로 경영하라

한편 정비 부문이나 공항 카운터 등도 조직을 가능한 한 소집단으로 나누고 부문별로 비용을 세세하게 관리하도록 했다. 비용 명세를 모든 사원과 공유하면서 '조금이라도 낭비는 없는가', '좀 더 효율적인 방법은 없는가' 등에 관해 사원들의 중지를 모아 경영 개선에 나설 수 있는 체계를 만들었다.

그리고 그 관리회계시스템에 근거해 산출된 부문별 수치를 기본으로, 각 본부나 자회사의 리더들을 모아 자기 부문의 실적을 발표하게 하는 '실적보고회'를 열었다.

매월 2~3일 아침부터 저녁까지 열리는 실적보고회에선 부문별, 과목별로 이번 달 실적과 다음달 계획이 빼곡히 기록된 방대한 자료가 보고됐다. 나는 그중에 궁금한 숫자가 눈에 띄면 교통비나 광열비 등 세세한 항목에 이르기까지 "왜 이런 수치가 나왔는가"라며 집중적으로 따져 물었다.

이런 논의를 계속하는 가운데 숫자를 근거로 경영하는 일이 당연시됐다. 각각의 부문장들도 얼마나 경영 개선에 노력해왔는지, 앞으로 어떻게 채산성을 높여갈 것인지 등 경영자로서의 사고방식을 숫자에 담아 발표할 수 있게 됐다. 일본항공의 전 사원이 이 시스템을 활용해 채산에 관한 의식을 높이고

수익성 향상에 기여하게 됐다.

고수익이 가능한
기업체질을 갖추라

일본에서는 자주 "중소기업과 풍선은 커지면 터져 없어진다"는 농담을 하는데, 이것도 관리회계시스템이 정비되지 않은 탓에 벌어지는 일이다. 회사 규모가 작을 때는 물론이고 커져도 주먹구구를 계속한다면 경영의 실상은 누구도 파악하기 힘들다.

물론 일반적인 재무회계원칙에 따라 처리하고 있다고 해도, 그런 식으로는 경영의 실태를 파악하기 어렵다. 실제 경영에는 도움이 안 되는 회계 방식이라 할 수 있다. 그에 대해 필요한 조치를 취하지 않는다면 실적도 늘지 않게 된다.

교세라는 리먼쇼크 직후의 한때를 제외하고는 창업 이래 거의 매년 두 자릿수 이상의 수익률을 기록해왔다. 어떤 해에는 40%에 육박하는 수익률을 기록하기도 했다.

이처럼 고수익의 기업 체질을 갖추는 데에는 다른 회사의 추격을 허락하지 않는 독창적인 기술이 큰 역할을 했다. 그로 인해 고부가가치 제품을 만들 수 있었지만, 그게 다는 아니었다. 경영의 실상을 잘 보여주는 경영관리시스템을 구축해 운영했고 이를 기반으로 모든 사원들이 나서서 '매출 최대, 비용 최소'라는 경영의 요체를 끊임없이 추구했다. 바로 이런 점이 고수익 체질의 주요 요인이었다고 나는 생각한다.

요점

- '매출을 늘리면 비용도 늘어난다'는 잘못된 상식에 얽매여 있지 않은가?
- '매출 최대, 비용 최소'를 실현하기 위해 창의력을 발휘하고 있는가?
- 매출이 확대되는 때야말로 기회다. 이럴 때 고수익화를 도모하고 있는가?
- 부문별 실적을 실시간으로 파악할 수 있는 시스템을 구축하고 있는가?
- 사원들 스스로가 채산 의식을 높여 구체적으로 행동하고 있는가?

보강

Q1 경영자가 매일 해야 할 일은?

1998년 〈이나모리 가즈오의 실학〉이라는 책을 저술했을 때의 일이다. 공인회계사나 경리부의 관계자, 회계 전문가들로부터 많은 편지가 왔는데, 이러한 내용이었다.

"회장님의 책은 이해하기도 참 쉽고 그야말로 회계의 진수입니다. 이런 내용을 모르는 경영자가 많아서 얼마나 아쉬웠던지 모릅니다. 그동안 저희가 아무리 말해도 경영자들은 통 귀담아듣지 않았죠. 그런 그들에게 읽히고 싶은 게 바로 이 책입니다."

창업 당시에 나는 경영도 회계도 몰랐다. 어떻게든 '매출을 최대로, 비용은 최소화하면 좋겠다'고 생각하고 그렇게 실천해왔지만, 줄곧 그것만을 고수해온 것은 아니다.

그 후에 나는 회계를 공부하고 손익계산서 계정 과목 등의 의미를 알게 됐고 경영에 활용해왔다. 손익계산서에는 우선 매출이 있고, 항목마다 비용이 나온다. 어떤 비용을 어떻게 억제하면 이익이 나오는가를 덧셈이나 뺄셈만으로 알 수 있다. 실로 간단한 일이다.

손익계산서는 경리 담당자만 보는 것이 아니다. 안정적인 경영을 하기 위해서는 경영자도 손익계산서를 항상 주시하지 않으면 안 된다. 하지만 그것을 충실하게 실행하는 사람은 의외로 적다.

나는 경영이라는 것은 마치 비행기를 조종하는 것과 같다고 생각한다. 경영지표인 매출과 비용은 실제로 비행기 조종석의 계기판에 표시되는 수치와 다름없다.

"위험신호 발령! 고도가 낮아졌으니 엔진 출력을 올리고 고도를 높여라!" 이처럼 조종석의 계기판에는 비행기의 상태가 모두 드러나기 때문에 그 수치를 세세히 보면서 조정한다. 이것이 파일럿의 역할이다.

즉, 손익계산서를 매일 들여다보지 않는 경영자는 계기판을 보지 않고 조종하는 파일럿과 같다. 앞으로 회사가 어디로 향하게 될지 알 수가 없는 것이다.

Q2 왜 고수익이어야 하는가?

사원들을 물심양면으로 행복하게 하려면 기업을 경영하면서 수익을 내는 것은 필수다. 여기에 수익을 내야 하는 다른 이유들도 차근차근 따져보면 경영자의 사명을 다시금 새기게 된다. '왜 기업은 고수익을 내야 하는가?'에 대해서는 아래 6가지 이유를 들어 순서대로 설명해보겠다.

1. 재무 체질을 강화한다.

2. 미래의 경영을 안정시킨다.

3. 고배당으로 주주에게 보상한다.

4. 주가를 올리고 주주에게 보상한다.

5. 사업을 전개할 때 선택지를 넓힌다.

6. 기업 인수로 사업 다각화를 도모한다.

첫 번째는 '재무 체질을 강화하기' 위해서다

창업 당시 교세라는 빚을 갚기 위해 고수익 경영을 목표로 했다. 그렇지만 실제로는 빚을 모두 갚기 전에 수주가 급증해 새로운 설비 투자가 필요하게 되었고 다른 은행에서 추가로 대출을 받게 됐다. 창업한 지 얼마 안 되는 교세라에는 아직 충분한 사내유보금이 없었다.

다만 빚의 상환 계획에 대해 약간의 지혜가 생겼다. 기존의 빚은 이렇게 돌려주고, 새로운 설비 투자를 위한 대출은 그것과는 별개로 이렇게 돌려 갚고, 나아가 그 후에 발생하는 설비투자에 대해서는 융자를 통해 이렇게 갚겠다는 식이었다. 안건별로 빚과 상환이라는 일련의 움직임이 '열차의 편성'처럼 생각됐다. 새로운 설비에 투자하면서 늘어나는 일련의 대출을 마치 열차의 운행시간표를 짜듯 관리해왔다. 여러 번 운행해도 안전하게 관리되는 열차처럼 운행시간표를 관리한 것이다. 이렇게 한 것은 '빚을 갚아야 한다'는 생각이 머릿속에 강하게 남아 있어서다.

고수익을 계속 유지해온 결과 창립 후 10년 만에 거의 무차입 경영을 실현하게 됐다. 그 후로도 급속도로 성장해왔지만, 매출과 함께 부채도 덩달아 커지는 불건전한 성장은 아니었다. 무차입 상태로 해마다 사내유보를 쌓으면서 성장·발전할 수 있었다.

이처럼 고수익 경영은 재무 체질을 강화하고 기업의 안정적인 성장·발전을 가능하게 한다. 그렇기에 기업은 고수익을 창출해야 한다.

두 번째는 '미래의 경영을 안정시키기' 위해서다

나는 사원들에게 고수익의 필요성을 다음과 같이 설명해왔다.

"고수익은 미래에 상승할 인건비 등 앞으로 발생할 비용을 어느 정도 견뎌낼 수 있는지 보여준다. 예를 들어, 15%의 수익률을 거두고 있다면 매년 3%씩 인건비가 올라간다 해도 5년간은 임금 상승을 견뎌낼 여력을 갖게 된다."

고수익은 가까운 미래에 생길 수 있는 부담을 흡수할 수 있는 여력이 된다.

또 경기 변동으로 매출이 감소할 때에도 대응력을 높일 수 있다. 고수익 상태라면 쉽게 적자로 전락하지 않는 만큼 고수익을 유지할 필요가 있다.

실제로 오일쇼크나 엔고 불황, 나아가 리먼쇼크 등으로 급격하게 매출이 감소하는 상황에서도 교세라는 연간 결산에서 적자를 내지 않으면서 이 위기들을 극복할 수 있었다.

세 번째는 '고배당으로 주주에게 보상하기' 위해서다

이익의 절반은 세금이 되고 나머지 절반이 회사에 남게 된다. 이것을 사내유보로 돌려 빚의 상환이나 설비 투자 등에 사용할 수 있다. 그럴 필요가 없다면 고배당으로 주주에게 보상하는 것이 가능해진다.

이것은 자본주의 원리에 부합한다. 수익을 올린 회사가 세금을 내고 남은 돈으로 배당을 한다. 게다가 은행 예금 금리보다 훨씬 높은 배당을 지급하는 것이다. 고수익 기업의 주식을 사면 높은 배당수익률을 얻을 수 있다. 이것이 주식회사의 본래 모습이라 할 수 있다.

네 번째는 '주가를 올리고 주주에게 보상하기' 위해서다

고수익으로 고배당을 통해 주주에게 보상할 수 있지만, 좋은 영업실적을 낸다면 주가 상승을 통해 주주에게 보상하는 것도 가능해진다. 기업의 성과, 안정성, 미래가치가 높게 평가된다면 그 평가는 반드시 주가에 반영된다. 그리고 주가가 상승하면 주주에게는 이익이 된다.

좋은 실적으로 주가를 올려 주주에게 보상하는 것도 고수익 경영을 목표로 삼는 중요한 이유 중 하나다.

다섯 번째는 '사업을 전개할 때 선택지를 넓히기' 위해서다

고수익을 달성하면 세금을 내더라도 충분한 이익이 남는다. 그렇게 생긴 여유 자금을 운용하면 사업을 다각화하는 데 용이하다.

예를 들어, 교세라의 경우 파인세라믹스의 사업만으로는 회사의 미래에 한계가 있다고 판단되어 1970년대 초반부터 중반에 걸쳐 절삭공구와 재결정 보석, 인공치근, 태양전지 등과 같이 다른 분야나 타 업종 진출을 꾸준히 추진해

왔다. 이러한 사업 다각화가 지금의 교세라 매출에 기여해 왔는데 이렇게 된 것도 고수익으로 얻은 풍부한 자금과 강한 재무 체질이 있었기에 가능했다.

기업을 장기적으로 성장·발전시켜 나가기 위해서는 신사업에 나설 필요가 있다. 그러나 신사업은 그리 평탄한 길이 아니다. 당시 신사업은 당연하다 할 정도로 적자가 나는 게 일상적이었다. 그런 적자를 감당하고 사업을 계속 진행하기 위해서도 기업은 고수익을 내야만 한다.

본업의 수익성이 낮아서 신사업으로 손을 뻗쳤는데, 그것마저 적자 확대로 이어진다면 치명적이다. 하지만 본업의 수익성이 높다면 신사업이라는 가시밭길에 들어서는 것은 물론 그 가시밭길을 헤쳐나가기도 용이하다.

여섯 번째는 '기업 인수로 사업 다각화를 도모하기' 위해서다

고수익이 장기간 이어지면 사내유보를 축적함으로써 자유롭게 사용할 수 있는 현금·예금이 늘어나게 된다. 그러면 풍부한 자기 자금을 사용해 기업이나 사업을 인수하기도 쉬워진다. 자기 자금이 윤택해지면 은행에서 자금을 빌릴 필요가 없다. 금리변동 등 위험을 짊어질 필요도 없다.

제2전전을 창업했을 당시가 바로 그랬다. 전기통신사업에의 진출이 기업 인수는 아니었지만, 단번에 자금을 투입해 사업을 전개한다는 의미에서 M&A에 가까웠다. 통신사업에 진입하겠다는 결의를 다지고 교세라의 임원 회의에서 논의했을 때 나는 이렇게 말했다.

"리스크가 큰 사업이지만, 그래도 하고 싶다. 만약 사업이 궤도에 오르지 않고 교세라에 부담을 주게 된다 해도 1,000억 엔까지는 내가 사용할 수 있게 해줬으면 한다. 1,000억 엔을 투자해도 사업이 궤도에 오르지 못한다면 그때는 깨끗하게 사업을 포기하고 철수할 것이다."

제2전전의 사업이 흔들리면 지급 보증을 하는 교세라가 손실을 보게 된다. 만일 1,000억 엔의 손실이 발생하면, 교세라는 본업에서 200억 엔의 이익을 내도 800억 엔이라는 막대한 적자를 결산으로 계상하게 된다.

그렇지만 당시 교세라에는 1,500억 엔에 이르는 사내유보금이 있었다. 설령 1,000억 엔이 없어져도 과거에 모아둔 자금 범위 내에서 충당이 가능해 회사는 무너질 위험이 없었다. 그래도 여전히 500억 엔의 현금이 남게 되고 본업은 고수익을 유지하게 된다.

즉, 1년 만에 큰 적자결산을 한다 해도, 다음 해부터는 다시 예전처럼 15~20%의 이익을 낼 수 있는 것이었다. 교세라의 기반이나 미래 전망이 흔들릴 가능성은 없었다.

이와 다르게 교세라가 저수익으로 지난 수십 년에 걸쳐 겨우 1,500억 엔을 모은 회사였다면 어땠을까? 1년 동안의 큰 적자는 그것만으로 멈추지 않고 본업 자체를 위험하게 할 수도 있을 것이다. 저수익 상황에서는 고상한 이상을 실현한다고 해도 신사업 진출을 결단할 수 없었을 것이다.

제2전전을 설립하고 전기통신사업에 진출할 수 있었던 것은 내게 용기가 있었기 때문은 아니다. 고수익을 통해 준비가 잘 되어 있었기에 가능했던 일이다.

막판에 몰려 언제든지 역전을 당할 수도 있는 위험한 경영이 아니라, 씨름판 한가운데 몸을 두고 안전을 기하면서 확실하게 승리를 거두는 것을 목표로 삼아야 한다. 언뜻 보면 돈키호테가 거대한 풍차에 무모한 싸움을 거는 것처럼 "이런 무모한 일이 세상에 어딨어"라고 생각됐을지도 모른다. 하지만 나로서는 어디까지나 '씨름판 한가운데'에서 씨름하고 있었다고 할 수 있다.

고수익을 실현하고 있다면 이와 같이 대담한 사업 전개도 가능해진다.

이처럼 고수익이 필요한 이유를 여섯 가지로 정리할 수 있다. 그렇지만 나 자신도 처음부터 이것을 이해하지는 못했다. 되돌아보면, 교세라를 창립한 이후 수많은 문제에 부딪히고 여러 고민을 거듭하면서 기업 경영은 고수익이어야 한다는 사실을 점차 확신하게 되었고 또 그렇게 실천해 왔다.

우선은 고수익이 필요하다는 생각을 마음속 깊이 새겨야 한다. 그리고 잠재의식에 이를 정도로 강하게 마음먹고 그것이 실현될 것이라고 믿어야 한다. '고수익은 어렵다', '이 업종에서는 무리다'라고 생각한다면 잘될 리가 없다. 어찌 됐든 고수익을 창출해야 한다. 그러기 위해 늘 궁리하고 어떤 노력을 해야 하는지 고민해야 한다. 고수익을 올리고 싶다면 그것을 향해 날마다 누구에게도 지지 않을 노력을 해나가는 것이 무엇보다 중요하다.

제6조

가격 결정이
곧 경영이다

가격 결정은 경영자의 일,
고객도 기쁘고
자신도 수익을 내는 포인트를 찾으라

'우동 한 그릇을 얼마에 팔 것인가'에 담긴
경영의 맥

나는 예전 교세라의 임원을 뽑을 때 장사의 원리를 알고 있는 사람이어야 한다고 생각했다. 그래서 그들을 선발하는 등용 시험으로 '우동 포장마차로 장사해보기'를 생각한 적이 있다.

우동 포장마차 설비를 구매할 수 있는 자금을 임원 후보들에게 건네주고 그들에게 몇 개월간 장사를 해보게 한 후 돈을 얼마나 벌었나 겨뤄보게 하는 것이다. 왜 이런 일을 생각했을까. 나는 우동 포장마차 장사에 경영의 모든 요소가 들어 있다고 생각했기 때문이다.

예를 들어 우동을 만든다면 국물은 무엇으로 낼 것인가, 국수는 기계로 뽑을 것인가, 손으로 쳐서 뽑아낼 것인가, 어묵은 어느 정도 두께로 몇 장을 넣을 것인가, 파는 어디에서 구입할 것인가 등 다양한 선택지가 있다. 그것은 그대로 비용에 반영된다. 즉, 우동 한 그릇이라 해도 천차만별이다. 어떻게 경영하느냐에 따라 완전히 다른 원가 구성이 이뤄지게 된다.

또 포장마차를 어디에 둘 것인지, 언제 영업을 시작할 것인지 등 출점 장소와 시간도 변수다. 번화가에서 술 취한 손님을 노릴 것인지, 대학가에서 젊은이들을 목표로 할 것인지 모두 포장마차 주인의 뜻에 달렸다.

그리고 그런 조건들이 갖춰진 뒤에 '가격 결정'이 이뤄진다. 대학가에서 장사를 하려는 사람은 판매가를 낮춰 판매량을 늘리려 할 것이다. 또 번화가에서는 값이 비싸더라도 맛있는 고급 우동을 만들어 판매량이 적어도 이익을 낼 수 있게 할 것이다.

이처럼 우동 포장마차 장사에는 경영의 다양한 요소가 응축되어 있다. 가격 결정 하나만 봐도 경영에 재능이 있는지를 판가름할 수 있다. 그래서 임원을 선발할 때 등용문으로 생각해본 것이다. 실제로는 시행하지 않았지만 경영의 운명을 좌우하는 것은 가격 결정이라고 굳게 믿고 있다.

고객이 기꺼이 사주는
'최고가격'을 찾으라

제품의 가격을 결정하는 방식은 다양하다. 앞서 언급했듯이 가격을 낮춰 마진을 줄이고 대량으로 팔 것인가, 아니면 가격을 올리고 소량 판매로 이익을 낼 것인가. 어느 쪽이든 해볼 수 있는 가격 설정 방식인데 결국 선택은 경영자의 판단에 달려 있다.

그러나 어떤 제품의 가격을 결정할 때, 얼마나 많은 양이 팔릴 것인지 또 어느 정도의 이익이 발생할 것인지 예측하기란 매우 어렵다. 가격이 너무 비싸 제품이 팔리지 않거나, 반대로 팔린다고 해도 가격이 너무 낮아 이익이 발생하지 않을 수도 있다. 가격 결정 하나 잘못한 것만으로도 큰 손실이 생길 수 있다.

제품 가격을 정확하게 판단하려면 한 개당 마진의 크기와 판매 수량을 곱한 수치가 최대가 되는 한 지점을 찾고 그 가격으로 결정해야 한다. 그 한 점은 고객이 기꺼이 사주는 '최고의 가격'이라고 생각한다.

이 한 점을 찾는 것은 영업부장이나 영업 담당자의 일이 아니라 경영 리더의 몫이어야 한다. 가격 결정에 있어서 이것은 중요하다.

구매 그리고 비용절감과
연계해 생각하라

그렇지만 그 가격에 판다고 해서 전부 잘된다는 것은 아니다. 고객이 원하는 최고가격으로 팔아도 이익이 나지 않는 경우도 많다. 문제는 정해진 가격 속에서 어떻게 이익을 내느냐에 달려 있다.

그저 싼 가격으로 판매해야 한다면 제조부문에서 아무리 생산에 힘써도 이익이 나지 않는다. 영업 부문에서 가능한 한 높은 가격으로 팔아야 한다. 그러나 앞서 말한 방식으로 정해진 가격 조건 아래 이익을 내는 것은 제조 부문의 책임이다.

일반적으로 대부분의 제조업체는 원가주의를 취하고 있으며 '원가 플러스 이익'으로 판매가격을 결정한다. 그러나 경쟁이 심한 시장에서는 판매가격이 먼저 정해지기 때문에 원가에 이익을 더한 가격으로 팔 수가 없다. 그렇다고 가격을 낮추어 판매하면 이익이 낮아서 곧바로 적자로 이어진다.

나는 기술자들에게 "신제품과 기술을 개발하는 것이 기술자의 역할이라고 생각할지 모르겠지만, 그게 다가 아니다. 어떻게 해서 비용을 줄일 것인지를 생각하는 것도 훌륭한 기술자의 일이다"고 반복해서 말하며 비용절감에 노력해줄 것을 강하게 당부해왔다.

숙고를 거듭해서 정한 가격으로 최대의 이익을 내기 위해서는 '경영을 위한 노력'이 중요하다. 이때 재료비, 인건비 등 전체 비용이 어느 정도 들어갈 것이라는 고정관념이나 상식 같은 것은 일체 버려야 한다. 제품의 사양이나 품질 등 주어진 기준을 모두 충족하면서도 가장 낮은 비용으로 제조하는 노력을 철저히 기울이도록 해야 한다.

중요한 점은 '가격 결정과 구매, 혹은 비용절감이 연계되어 있어야 한다'는 사실이다. 결단코 가격 결정은 따로 독립되어 있는 것이 아니다. 가격 결정을 한다는 것은 구매와 비용절감에도 책임을 지는 일이다. 즉, 가격 결정을 하는 순간에 구매나 비용절감에 대해서도 생각해야 한다. 또는 그 반대로 그런 생각이 머릿속에 있어야만 가격 결정을 할 수 있는 것이다. 이것도 '가격 결정은 리더가 해야 한다'는 이유 중 하나다.

또 가격 결정이라고 하는 것은 경영자의 인격을 그대로 드러내는 것이라고 생각한다. 소심한 사람은 경쟁이 심해지면 싼 가격을 붙여 경쟁에서 이기려고 하지만, 이렇게 해선 좀처럼 이익을 낼 수 없다. 무모한 사람은 높은 가격에 팔려고 하겠지만 전혀 팔리지 않을 것이다. 가격을 결정할 때 이런 성격에 따라 원가를 얼마나 낮출 것인지, 이익은 어느 정도를 목표로 할 것인지 머릿속에 새겨둬야 한다.

이제 요점이다. '가격 결정은 곧 경영'이며, 그것은 경영자가 할 일이다. 가격 결정에는 경영자의 성향이 투영된다는 사실을 잘 이해하고 훌륭한 경영목표를 향해 나아갔으면 좋겠다.

요점

- '가격 결정'은 경영진의 일이라고 인식하고 있는가?
- 고객이 기꺼이 사주는 '최고 가격'을 사수하고 있는가?
- 원가 플러스 이익으로 판매가를 결정했는가, 시장 가격으로 이익을 낼 수 있는가?
- 가격 결정은 구매, 비용절감과 연계해서 이뤄지고 있는가?

보강

Q1 시장 경쟁 속에서 가격 결정이란?

어느 날 어느 대기업의 전기 생산 연구부서로부터 전화가 걸려왔다.

"지금 신제품을 개발 중인데 세라믹 부품이 필요합니다. 교세라에서 만들어줄 수 있습니까? 1만 개 발주할 테니 견적서 좀 보내주세요."

그때 그 제품을 교세라만 만든다면 문제가 없었겠지만, 다른 동종업체들도 만들 수 있었기에 당연히 그들에게도 똑같은 제안이 갈 것이고 경쟁은 불가피한 상황이었다.

아직 교세라가 영세기업이던 시절의 이야기다. 당사의

영업 담당자가 원가계산을 하고 견적서를 작성해서 고객에게 가져가면 "이런 높은 가격으로는 교세라에 발주를 할 수 없습니다. 다른 두 곳에서는 현저히 낮은 가격을 제시했거든요"라고 했다. 얼마나 싼지 물어보니 20% 정도라고 했다. 영업 담당자는 돌아와 허둥대며 "타사는 상당히 싼 가격을 제안한 것 같습니다"라고 보고했다.

처음에는 이런 식으로 회사에 돌아와 보고를 했지만, 나중에는 영업 담당자가 마음대로 가격을 낮추었다. "당사도 그 가격으로 하겠습니다"라고 마음대로 조정한 뒤 돌아오는 것이었다. 그 담당자는 수완도 좋고 수주를 많이 따와서 높은 평가를 받았지만, 나는 그를 불러 세워 이렇게 말했다.

"확실히 영업은 수주를 따와야 하는 일이지만, 잘 생각해보세요. 가격이 타사보다 싸면 수주를 받는 것은 당연한 일이지 그건 당신의 능력이라 할 수 없습니다. 원하는 대로 가격을 낮춰준 거니까요. 우리 입장에서는 높은 가격으로 수주를 따는 게 좋겠죠. 그렇지만 높은 가격을 제시하면 가격 경쟁력에서 밀릴 겁니다.

문제는 높은 가격을 제시한 뒤 거기서부터 가격을 낮춰갈 때 고객이 그 가격으로 사겠다고 하는 '최고 가격'을 어떻게 찾아내느냐에 있습니다. 고객이 사겠다고 부른 가격보다 싸다면 얼마든지 주문을 받을 수 있겠죠. 주문이라는 것은 고객이 발주하는 '최고가격'을 사수해내며 이뤄져야 하는 겁니다."

그에게 그리 말하면서 나는 가격 결정이 얼마나 중요한지 다시금 생각했다. 그것은 예술처럼 섬세한 것으로 한치의 실수도 용납되지 않는 것이다. 주문을 받지 못하면 곧바로 매출이 줄게 된다.

가격 결정은 경영 그 자체이며, 가격 결정에 실패하면 경영이 파탄나게 된다. 그만큼 중요한 것이다.

Q2 고객에게 어떤 가치를 제시할 것인가?

신제품을 개발하고 아직 경쟁자가 없을 때 특히 가격 결정은 어렵다. 처음에는 나도 '원가 플러스 적정이익'이라는 방식으로 가격을 결정하려 했지만, 어느 날 문득 다시금 생각해보게 됐다.

세라믹은 고도로 제어된 제조 공정을 거쳐 생산되며 다양한 특성을 갖추고 있는 큰 부가가치 제품이다. 그러나 원료는 비교적 저렴해서 원가 플러스 적정이익이라는 방식을 적용하면 필연적으로 가격이 싸진다. 그런데 교세라가 개발한 제품을 고객들이 사용할 때 큰 부가가치가 생긴다면, 그만큼 비싸게 사줘도 이상할 것 같지는 않다. 고객이 교세라의 제품을 사용하여 큰돈을 번다면 그 가치에 맞는 가격으로 구입해도 좋을 것이라고 생각했다.

그래서 나는 "경쟁이 없는 신제품은 원가 플러스 적정이익이 아니라 그 제품이 갖고 있는 가치를 기준으로 팝시다"라고 말했다. "우리가 개발한 제품은 재료비부터 가공비까지 포함해 어느 정도 원가가 들어가지만, 이 제품에는 그 이상의 가치가 있습니다. 제품의 가치는 고객이 그것을 사용하여 얼마나 부가가치를 만들어낼 수 있는지에 따라 정해집니다. 이 제품은 큰 부가가치를 낳기 때문에 그에 맞는 가격에 팔자는 것입니다."

그렇지만 고객에게 어느 정도의 가치가 있는지를 우리가 계산할 수는 없다. 그래서 나는 이렇게 말했다.

"이 제품을 팔러 갈 때 먼저 가격을 말하지 마십시오. 고객에게 이 제품을 사용하면 얼마나 큰 도움이 되는지를 설명하면서 제품을 보여주세요. '이 제품 좋다. 사용해보고 싶다'는 반응이 나와도 서둘러서는 안 됩니다. 고객이 '얼마입니까?'라고 묻겠죠. 이때 가격을 말하고 싶더라도 꼭 참고 '얼마면 사시겠습니까?'라고 물어봐야 합니다.

고객은 '이런 좋은 제품이면 이 정도 가치는 있겠지'라고 곧바로 계산하고, 그보다 싼 가격을 부르며 '이 가격에 사겠습니다'라고 말하게 될 겁니다. 우리가 받아들이기 어려운 금액을 고객이 제시할 가능성도 있습니다. 여기서부터 협상이 시작됩니다."

제품이 얼마나 가치가 있는지 스스로 계산할 수 없으므로 "얼마면 사시겠습니까?"라고 고객에게 묻고, 고객이 정하는 가치를 찾아 상담을 진행해나가라는 뜻이다. 바로 이 지점이 지혜가 번뜩이는 지점이며, 이를 바탕으로 신제품 가격이 결정되는 것이다.

Q3 영업 전략과 연동한 가격 결정이란?

내가 이상하게 생각한 것은 전후 미군이 주둔하고 나서부터 급격히 유행한 코카콜라였다. 나는 중학교 1학년 때 종전을 맞이했고, 처음 콜라를 마셔본 것도 그 무렵이다. 아직 어린아이였지만 '사이다랑 뭐가 다르지? 오히려 맛이 더

별로인데'라고 느꼈다.

그럼에도 불구하고 당시에 콜라는 믿기 힘들 정도로 비쌌다. '우리나라에는 맛있고 싼 사이다가 있는데, 비싸고 맛도 이상한 콜라가 팔리는 이유는 무엇일까'라고 곰곰이 생각해봤다.

축제 날 저녁 가게에 가면 젊은 남자가 큰 얼음 기둥 위에 콜라병을 놓고 마개를 퐁퐁 따면서 팔고 있었다. 아이들도 줄 서서 콜라를 사서 마시는 광경을 자주 보았다. 콜라병은 두꺼웠고 내용물은 적었다. 게다가 가격은 사이다의 3~4배나 됐다. 왜 이렇게 가격이 비싼가라고 생각했다.

나 혼자만의 상상이었지만 판매가를 높게 잡았기 때문에 아르바이트 학생을 뽑아서 팔아도 될 정도의 마진을 낼 수 있었다고 생각했다. 즉, '높은 가격이어서 팔 수가 없었다'가 아니라 '높은 가격으로 팔아 마진을 내는' 방법이었던 셈이다.

당시 시골의 구멍가게에서도 'ㅇㅇ상점'이라고 쓰인 간판 옆에 콜라 광고판을 내걸고 있는 곳이 많았다. 이런 간판을 내걸 수 있었던 것도 광고 선전비를 부담할 수 있을 정도로 이익이 생기기 때문이었다. 확실히 가격 결정 전략의 승리였던 것이 아닐까 생각한다.

또 하나의 비슷한 사례로 야쿠르트를 들 수 있다. 야쿠르트를 보급한 마쓰조노 히사미松園尚己는 소니의 모리타 아키오盛田昭夫를 비롯해 우리의 경영자 동료로 평소 자주 교류해 왔다.

야쿠르트는 용기가 작은데도 나름의 가격이 매겨져 있다. 교토대의 시로타 미노루代田稔박사가 발견한 유산균의 친주parent strain를 사용하여 유산 발효시킨 제품으로, 살아 있는 균에 의한 정장작용을 강점으로 내세운다. '장에 굉장히 좋다'는 것을 키워드로 내세우며 야쿠르트 레이디가 자전거나 수레에서 팔고 있다.

자전거나 수레를 이용해 판매를 하면 보수가 많기 때문에 야쿠르트 레이디도 그에 맞춰 열심히 팔러 다닌다. 이런 방식으로 판매할 수 있는 것도 야쿠르트의 가격 자체가 높고, 영업비나 판촉비가 그 속에 포함되어 있기 때문이다. 이러한 사업 모델을 통해 야쿠르트는 전국을 석권했다.

가격 결정은 '싸면 좋다'가 아니다. 영업 전략에 따라 다르다. 가격 결정은 경영의 본질이다.

제7조

경영은 강한 의지에
좌우된다

경영에는 바위조차도 뚫을
강한 의지가 필요하다

무슨 일이 있어도 목표를 달성한다

'경영이란, 경영자의 '의지'를 보여주는 것'이라고 나는 생각한다. 그렇게 생각하면 경영에는 어떻게든 목표를 달성하려는 강렬한 의지가 필요하다.

하지만 많은 경영자들을 보면 목표를 달성할 수 없는 경우에 즉시 변명을 한다거나 목표를 수정하기도 하는데, 그중에는 목표를 철회해버리는 사람들도 있다. 그런 경영자의 태도로는 경영 목표를 달성할 수 없을 뿐만 아니라 사원들에게도 나쁜 영향을 미치게 된다.

그것을 뼈저리게 느낀 것은 교세라 주식을 상장한 이후였다. 상장하게 되면 다음 회기의 실적 예측치를 발표해야 한다. 그것은 주주에 대한 약속이기도 하다.

그런데 경제 환경이 급격하게 변화하자 많은 일본 기업들은 실적전망을 하향 조정하는 것에 대해 별로 망설이지 않는 것처럼 보였다. 똑같은 경제 환경 속에서도 훌륭하게 목표를 달성해내는 경영자들도 있었다. 그와 같이 강한 의지로 계획을 수행해 가는 경영자가 아니라면 지금처럼 급격하게 바뀌는 경제 환경을 극복해나가기 어렵다고 나는 생각한다. 상황 변화에 맞춰 경영목표를 조정해놓아도, 그렇게 하향 수정한 목표조차 그 이후의 경기변동 파도에 직면하면 또다시 더 하향 조정해야 할 필요가 생긴다. 그리 되면 투자자와 사원들의 신뢰를 잃게 된다. '이렇게 하고 싶다'라고 결정했으면 경영자는 강한 의지를 갖고 실현해 나가야 한다.

'경영자의 의지'를 '전 사원의 의지'로 바꾼다

이때 중요한 것은 사원들의 공감을 얻어내는 것이다. 본래의 경영 목표는 경영자의 의지에서 비롯된 것이지만, 모든 사원이

'해봅시다'라고 생각하게 만드는 것이 중요하다. 즉, 경영 목표라는 '경영자의 의지'를 '전 사원의 의지'로 바꿔내야 한다.

자신들이 달성해야 할 목표 수치를 사원들이 솔선해서 내놓는 경우는 별로 없다. 그렇기 때문에 경영 목표는 톱다운 방식으로 결정하게 된다. 하지만 그렇게 하다 보면 아무도 따라와 주지 않는다. 따라서 경영 목표는 사원들로부터 올라온 것과 톱다운으로 정해진 것을 조율해가지 않으면 안 된다. 그것은 경영자의 의지를 전 사원의 의지로 바꿔내는 과정이다.

방법은 그리 어렵지 않다. "우리 회사는 성장 가능성이 크다. 지금 아직 규모는 작지만, 앞으로 큰 발전을 기대할 수 있다"고 평상시에 종종 언급하며 밑그림을 그린다. 그런 뒤 회식 같은 자리에서 한 잔하는 기회를 만들어 "올해는 2배 정도로 매출을 늘리려고 한다"고 말을 꺼내보는 것이다.

그럴 때 일은 그리 잘하지 못하더라도 긍정적인 자세를 지닌 사원을 옆에 두고 "사장님, 그렇습니다. 해봅시다"라고 말하게 한다. 그렇게 하면 머리가 좋고 일은 잘하지만 "높은 목표를 세우자"는 말을 꺼낼 때마다 늘 냉담하게 "사장님, 그것은 무리입니다. 왜냐하면…"이라고 안 되는 이유부터 나열하는 이들은 아무 말도 못 하게 된다.

그러면 어느새 모두가 동조하여 사장이 세운 목표보다도 더 높은 목표를 그 자리에서 합의로 끌어낼 수도 있다.

즉, 경영은 심리적인 것이다. 낮은 목표라도 냉담한 사람에게 말하면 "이치에 안 맞는다. 할 수 있는 게 없다"는 반응이 나온다. 그러면 경영자가 원하는 높은 목표는 실현될 가능성이 그만큼 작아진다.

필사적인 모습으로 경영에 임하고, 강한 의지를 보여준다

높은 목표를 설정하고 그것에 도전해야 한다. 나는 그렇게 생각하지만, 목표가 너무 높아 재작년에도 달성하지 못했고 작년에도 달성하지 못했으며 3년째인 올해에도 미달성인 상황이 계속된다면, 경영 목표는 공염불이 되어버리고 만다. 결국에는 아무도 진지하게 받아들이지 않게 된다.

그렇다고 해서 전년에 비해 소폭 끌어올려 경영 목표를 잡아나간다면 사원들의 사기를 높여줄 수 없다. 그리 되면 기업은 역동적인 힘을 잃게 된다.

너무 자주 사용하면 안 되겠지만 나는 교세라가 아직 작은 규모였을 때 이런 방식으로 일한 적이 있다.

"월간 매출 목표를 9억 엔으로 정합시다. 그 목표를 달성하면 전 사원을 홍콩에 데려갈 겁니다. 달성하지 못하면 모두 절에서 수행합시다"라고 사원들에게 말했다. 그야말로 사생결단하는 심정으로 목표 달성을 촉구하는 선언이었다.

그러자 모두가 맹렬하게 노력해 그 목표를 이뤄냈다. 비행기를 전세 내어 모든 사원과 함께 홍콩으로 2박3일 동안 여행 가서 사원들과의 유대를 더욱 견고히 했다.

"목표를 달성합시다"라고 단순히 제안하는 데 그치지 않고, 사원들이 마음을 새롭게 하는 동기를 부여하면서 경영 목표를 사원들과 공유했다. 목표를 달성하기 위해서는 창의력을 발휘해야 한다고 생각한다.

물론 중요한 것은 '어떻게든 목표를 달성하고 싶다'는 경영자의 필사적인 의지를 기회가 있을 때마다 사원들에게 솔직하게 털어놓는 것이다. 나는 예전에 감기로 고열이 났는데도 링거를 맞아가면서 당시 50여 개에 이르는 모든 부서의 송년회에 참석한 적이 있다. 그 기회를 이용해 내가 생각하는 다음 해의 사업구상을 설명하고 또 무엇보다 그것을 달성하려는 강력한 의지를 모든 사원들에게 알리고 협조를 얻어내기 위해서였다.

일본항공 재건에 있어서도 마찬가지였다. 80세를 넘어선 고령인데도, 한 주의 대부분을 도쿄의 호텔에 거주하며 낮에는 고등어 소금구이 도시락, 밤에는 편의점의 주먹밥 등으로 때웠다. 아침부터 밤까지 계속되는 회의에 집중해서 경영 수치를 꼼꼼하게 살폈다. 그러한 나의 열정적인 모습을 지켜보고 있던 일본항공의 사원들은 사업재생계획을 달성하려고 하는 나의 강한 의지를 틀림없이 느꼈을 것이다.

'사력을 다한다'는 표현이 적절할 정도로, 경영자가 필사적으로 경영에 임해야 한다. 그런 자세는 경영자의 의지로 만들어진 경영 목표를 사원들과 공유하려고 할 때 가장 중요하다. 이렇게 해서 경영자의 강한 의지를 사원들과 공유하고 의욕을 불태우면 기업은 발전하게 된다.

요점

- 어떻게든 목표를 달성하겠다는 '강한 의지'가 있는가?
- 환경 변화를 이유로 목표를 하향 조정하거나 철회하지 않았는가?
- 경영 목표를 전 사원들이 '해내자'고 생각하고 있는가?
- '목표를 달성하고 싶다'는 필사적인 의지를 모두 공유하고 있는가?
- 높은 목표를 향해 사원들이 의욕을 불태우고 있는가?

보강

Q1 결코 포기하지 않는 강한 의지란?

"경영은 강한 의지로 결정된다"고 하면 뒷장의 제8조에 나오는 '불타는 투혼'처럼 용감하고, 단호하고, 강한 투쟁심을 발휘하는 것이라고 생각하기 쉽다. 하지만 내가 여기서 '강한 의지'라고 말하는 것은 마음속에 피어오르는 '조용한 투지'를 뜻한다.

다시 말하자면, 일을 성취하려면 '결코 포기하지 않는 투지를 가져야 한다'는 것이다. 스포츠 경기에서 자주 말하는 'Never give up'도 동의어라고 생각한다.

나는 사원들에게 "이제 더 이상 안 된다고 생각했을 때야말로 시작이다"라고 말해왔다. '안 된다'는 말은 '끝'을 의미하는 게 일반적이지만 반드시 그렇지만은 않다. 안 된다고 생각했을 때가 '시작'이다. 나는 나 자신에게 늘 그렇게 말해왔다.

단적인 예이지만, 창업한 지 얼마 되지 않았을 때 나는 영업의 선두에 서서 거래처를 개척했다. 하지만 당시 교토의 제일 영세기업이었던 교세라의 제품을 고객에게 보여주더라도 다른 회사가 동일한 제품을 만들고 있다면 "이제 필요 없습니다"라거나, "오랫동안 거래해온 업체가 있어서 주문할 수 없겠습니다"라는 말로 거절당했다.

그중에서 가장 기억에 남는 것은 어느 대기업 전기 메이커에 영업하러 갔을 때의 일이다. 나는 진공관의 기술자를 만날 생각으로 아무런 사전 준비 없이 무작정 방문했다. 미리 약속을 잡거나 누군가에게 소개를 받는 절차는 생각지도 못한 채, 무턱대고 찾아가 수위에게 사정했지만 문전박대를 당했다.

몇 번이나 찾아간 뒤에야 드디어 기술자를 만날 수 있게 됐다. 하지만 그 기술자로부터 "당신은 우리 계열사를 모르나 봅니다. 세라믹 부품은 그 계열사에서 납품받고 있어요. 이름도 모르는 회사에서 갑자기 찾아오셔서 사드릴 수가 없네요"라는 대답을 들었다.

하지만 나는 '거절당했을 때 오히려 일이 시작된다. 이 어려운 상황을 어떻게 타개할 것인지 고민하는 것에서부터 일은 시작된다'고 생각했다. 좌절하게 될 나 스스로에게 '처음부터 술술 풀리면 아무런 고생도 없다. 거절당했을 때가 출발점이다'라고 격려하면서 끝까지 포기하지 않고 끈질기게 노력해왔고 사원들에게도 그런 자세를 요구해왔다.

Q2 상황에 휘둘리지 않고 강한 의지를 계속 유지하려면?

'이렇게 하고 싶다'는 꿈을 꾸고 강한 욕망을 갖는 것만으로 충분하다면, 세상에는 훌륭한 회사가 넘쳐날 것이다. 하지만 그런 회사가 적은 이유는 무엇인가. 어떤 회사의 경영 간부든 '이렇게 하고 싶다'는 열망과 '회사를 훌륭하게 운영하고 싶다'는 생각은 갖고 있을 것이다.

문제는 열망을 갖고 있어도 실행하지 못한다는 데 있다.

예를 들어 '신제품을 개발하고 싶다'는 열망을 갖고 있다고 생각해보자. 신속하게 신제품을 개발하지 않으면 시장을 잃고, 사업의 영속성이 위험에 처할 우려도 있다. 하지만 '신제품을 개발하고 싶다'고 머릿속으로만 생각하고 있지는 않은가. 그것은 마음속에 자리잡은 강한 열망이며, 영혼의 외침이라고 볼 수 있지만 머릿속으로만 생각한다면 '할 수 있는 일이라면 한번 해보고 싶다'는 정도에 그친다.

그러므로 신제품 개발에 적합한 기술자가 사내에 없거나, 막대한 설비 투자를 해야 하는 등의 난제에 직면했을 때 그런 것도 모두 머릿속에서만 따져본다. '그렇게 하고 싶었지만, 여러 문제가 있어 할 수 없다는 사실을 알게 됐다'며 논리적으로 생각해버린다.

머리로 이해하고서, '그렇게 하고 싶었던 열망은 실현 불가능하다'는 결론으로 스스로를 이끌어간다. 내가 만든 조어이지만 이런 사람을 '상황대응형 인간'이라 부른다.

이에 비해, 마음속 깊은 곳에서부터 '이렇게 하고 싶다'는 강한 열망을 가진 '원리원칙형 인간'은 그 열망이 신념으로 이어져 '어떤 어려운 상황에서도 어떻게든 그 문제를 해결하고 실현시키겠다'고 생각한다.

그리고 그렇게 생각했을 때부터 실제로 아이디어가 솟아나고 노력을 쏟게 되는 것이다. '상황이 우리에게 유리하지 않다'고 느꼈을 때, 자신의 열망은 무모한 것이었다며 그냥 포기해버리는 것과 오히려 그 다음 순간부터 용기를 내어 문제 해결을 위해 노력과 창의·궁리를 계속해 나가는 것 사이에는 큰 차이가 있다.

인생이나 기업 경영에 있어서 훌륭한 행보를 하고 있는 사람과 그렇지 않은 사람, 또 평범하게 사는 사람과의 차이는 바로 여기에 있다. 진정으로 여러분이 용솟음치는 신념을 소유한 '원리원칙형 인간'이었으면 좋겠다.

Q3 강한 의지는 어디에서 오는가?

나는 기업을 경영하면서 '조직의 리더가 채산을 맞추지 못하거나 흑자를 달성하지 못하는 것은 이상하다'고 생각해 왔다. 물론 일을 시작한 지 2, 3개월 정도는 적자를 낼 가능성도 있다. 그렇지만 반년이 지나도 적자가 난다면 나로서는 이해하기 힘들다. 강한 의지가 있다면 반드시 흑자로 전환시킬 수 있다고 생각한다.

그 증거로 세라믹 부품 가격이 매년 하락하는 와중에도 교세라는 채산을 맞춰왔다. 예를 들어, 전자 부품 중 콘덴서는 과거에 큰 흑자를 냈지만, 급격한 수요 감소와 경쟁 심화로 단가가 크게 하락하면서 채산이 맞지 않아 큰 폭의

적자를 낸 적이 있다. 일본 국내 공장에서 1년 이상 적자를 냈고 중국 상하이 공장으로 생산을 이전한 뒤에도 처음엔 적자를 냈다.

하지만 포기하지 않고 채산을 맞추는 노력을 거듭한 끝에 지금은 흑자로 돌아서 10% 이상의 연결이익을 낼 수 있게 됐다. 더 많은 이익을 내는 것도 가능해졌다.

과거 번창하던 시절에 비해 단가가 절반 정도로 떨어져 콘덴서를 아무리 만들어도 채산을 맞출 수 없는 건 아닐까 하고 고민했지만 거기서부터 다시 추격해 올라와 10% 넘는 수익률을 올리게 됐다.

급격한 엔고나 해마다 계속되는 가격 인하 등은 경영을 어렵게 한다. 이런 환경 속에서 계속 흑자를 내려면 강한 의지력이 필요하다. '강한 의지'라고 하면 여러분은 '투쟁심'을 상상할지 모르겠지만, 강한 의지란 가능성을 믿는 것에서부터 생겨난 '내적인 투지'다.

혹시 나쁘게 생각할지도 모르지만, 프랑스 군인 나폴레옹 보나파르트는 '내 사전에 불가능이란 말은 없다'는 자신감이 가득 찬 말을 남겼다고 한다. 나는 그처럼 불손한 말은 하지 못한다. 다만 나 자신의 강한 의지가 어디서 나오냐고 묻는다면 내 마음속에 있는 가능성을 믿는 낙관적인 힘에서 나온다고 할 수 있다.

즉 '가능성이 있다'고 믿는 것이 중요하다. 모두가 이제 안 된다고 생각할 때에도 반드시 가능하다고 마음속에서 믿고 있다면 강한 의지가 솟아난다. 강한 의지란 가능성을 믿는 것에서부터 생겨나는 것이다.

가능성을 믿을 때는 비록 막막해도 '어떻게든 될 것'이라고 생각하고 모든 지혜를 짜내어본다. '어떻게 하면 이 국면을 타개할 수 있을까', '그동안의 방법으로는 되지 않았지만, 그것과는 별도로 더 좋은 방법이 있을 것'이라고 열심히 생각해보는 것이다.

이처럼 '어려운 경영 환경 때문에 흑자를 내기 어렵다'고 생각하느냐, 아니면 '반드시 가능성이 있다'고 믿고 어려운 상황을 극복할 방안을 모색하느냐에 따라 결과는 완전히 다르게 나타난다. 강한 의지는 가능성을 믿고 끊임없이 창의·궁리를 계속하는 것과 부즉불리不即不離의 관계에 있다.

인간의 지혜, 인간의 의지라는 것은 정말 굉장한 것이며 동기만 있으면 무엇이든지 할 수가 있다. 그것은 바로 인간이 보유한 불가사의한 힘의 표현이다. '이제 안된다'며 포기하면 실패는 현실이 된다. '반드시 혈로가 열릴 것'이라는 강한 의지를 가진 사람만이 성공의 길로 나아갈 수 있다.

제8조

불타는 투혼으로
승부한다

경영에는 어떤 격투기에도 뒤지지 않는
격렬한 투쟁심이 필요하다

절대 지지 않겠다는 각오

경영을 할 때에도 격투기 세계에서 필요한 것과 같은 '투혼'이 필요하다고 본다. 사람이 너무 좋고 싸움도 한 적이 없는 사람은 빠른 시간 내에 사장 자리를 좀 더 투쟁심 있는 사람에게 양보해야 한다.

아무리 예쁜 말로 포장을 해도 역시 경영에는 격렬한 기업 간의 경쟁이 포함된다. 비록 사원이 2~3명밖에 안 되는 작은 기업이라도 경영자는 사원들을 지키기 위해 굉장한 투혼이나 투지를 갖고서 기업 간 경쟁에 임해야 한다. 그렇지 않으면 승부가 되지 않는다.

경영자라면 '절대로 지지 않는다'는 불굴의 각오를 다져야
한다. 그것은 엄혹한 시장 경쟁에서 패퇴할 것 같은 사원들을
향해 "뒤에서 기관총을 쏘겠다. 도망쳐 돌아와도 죽는다. 죽을
각오로 앞으로 나아가라"고 말하듯이 격렬한 것이어야 한다.

어려운 경영 환경에도 져서는 안 된다

하지만 내가 말하는 '투쟁심'이란, 다른 기업과의 경쟁만을
겨냥한 말이 아니다. 경영을 하다 보면 아무리 기업 간 경쟁에
서 이겨도, 경영에 만전을 기하고 있다고 해도, 엔고 등 경제
변동이나 국제분쟁, 나아가 자연재해 등 생각지도 못한 위험
요인이 찾아온다.

이러한 경제 변동이나 천재지변은 경영자의 책임이 아니다.
그러나 그런 것을 구실로 안이하게 실적 하강을 용인해서는 안
된다. 예기치 않은 사태에도 흔들리지 않고 사업을 확대해나가
는 것을 목표로 하지 않으면 기업은 성장·발전하지 못한다.

교세라도 그랬다. 오늘에 이르는 길은 결코 평탄하지 않았
다. 창업 이래 닉슨쇼크로 인한 일본 엔화의 변동환율제 전환,

오일쇼크에 의한 공전의 불황, 반도체·자동차를 계기로 한 미국과 일본 간의 치열한 무역 마찰, 플라자 합의 후 급격한 엔고, 버블 붕괴 이후 장기간의 경기 침체, 리먼쇼크에 의한 세계적인 규모의 금융 불안, 나아가 유럽 국가들의 재정 위기로 촉발된 경기 침체 등 거대한 경제 변동의 파도가 계속해서 일본의 산업계를 덮쳤다.

다수의 기업들은 그 격류 속에 휘말려 쇠퇴하고 도태되어 갔다. 그렇지만 교세라는 경기의 파도를 정면으로 받으면서도 성장을 계속해 이익을 올릴 수가 있었다.

그것은 나 자신과 내 뒤를 이은 교세라의 경영진이 '절대로 지지 않는다'는 강한 생각, 이른바 불타는 투혼을 갖고 경영에 임했기 때문이다. 어떠한 경기 변동에 직면해서도 지지 않을 노력과 끊임없는 창의·궁리로 성장·발전을 이룩해온 것이다.

경기나 경제 변동에 일희일비하지 않고 어떠한 경영 환경에서도 투쟁심을 가지고 누구에게도 지지 않을 노력을 계속해 간다면 반드시 길은 열린다. 기업을 둘러싼 어려운 경영 환경에도 굴하지 않고 기업의 성장·발전을 지향해 가는 것도 투쟁심의 하나라고 생각한다.

목숨을 걸고 사원과 회사를 지킨다

이 '불타는 투혼'에는 어머니가 아이를 안는 것 같은 애정이 담긴 보살핌의 '투혼'도 있다.

예를 들어 작은 새의 부모는 어린 새끼가 맹금류 등으로부터 습격당하려고 할 때, 목숨의 위험을 무릅쓰고 맹렬하게 맞서 싸운다. 몸은 작지만 놀라운 투혼으로 어미 새는 새끼를 지켜내려고 한다.

경영자도 책임을 완수하려면, 그러한 '투혼'이 필요하다. 본래 연약하고 싸움을 해본 적이 없어 투혼이라고는 거의 찾아보기 힘들었다고 해도, 일단 경영자가 된 순간부터는 많은 사원을 지키기 위해 더욱 더 분발해야 한다. 그런 경영자가 아니라면 사원들로부터 진심 어린 신뢰를 얻기 어렵다.

왜 그런 일을 할 수 있을까. 그것은 역시 자신의 회사나 사원을 어떻게든 지켜내려는 강한 책임감 때문일 것이라고 생각한다. 책임감을 가지면 도량이 넓어진다.

일본에서는 지금 외적으로부터 기업을 지켜내기는커녕, 스스로의 보신에 급급한 경영자가 매우 많아지고 있다. 불상사를 일으키고도 자신은 책임을 회피하고, 부하가 책임을 지고 그만두는 사례를 종종 보게 된다. 리더를 잘못 선택했다고 생각한다.

경제 변동 등에 절대로 굴하지 않을 것이라는 기개, 목숨을 걸고 사원들과 회사를 지켜낸다는 책임감을 가진 사람이 경영자가 된다면, 어떤 시대에도 기업은 반드시 성장과 발전을 이뤄낼 수 있을 것이다.

요점

- 절대 지지 않을 것이라는 투쟁심, '불타는 투혼'을 갖고 있는가?
- 경쟁사뿐만 아니라 어려운 경영 환경에도 굴하지 않는 투지가 있는가?
- 경기 변동에 굴하지 않고, 노력과 창의 · 궁리를 거듭해 성장 · 발전을 이끌고 있는가?
- 어떤 위험에 닥치더라도 사원들을 지키려고 책임을 다하고 있는가?
- 경영자로서 책임을 다하지 않고, 자기 보신에 급급해 하지 않은가?

보강

Q1 자기 자신을 이겨내는 투지란?

권투 시합을 링 바깥 한쪽에서 본 적이 있다. 눈앞에서 격렬한 격투를 하기 때문에 얼굴이나 몸에 글러브가 부딪힐 때 엄청난 소리가 난다. 얼굴이 찢어지면 선혈이 흩어지기 때문에 상대에게도, 주변에도 피가 튈 수 있다. 굉장한 투지와 투지의 충돌이다.

원래 거센 투지를 가진 선수는 링에 올라가서도 넉살 좋은 태도를 보인다. 그렇지 않은 보통의 권투 선수는 링에 올라가면 다리가 움츠러드는 기분이 든다고 한다. 특히 상대가 세계 챔피언과 같은 강적이라면 공포심이 생기는 것은 당연하다.

그런 시합에서는 링에 올랐을 때 솟아나는 공포심을 극복하는 게 매우 중요하다. 매일 치열하게 연습하고 싸움에 나서는 선수들이니 익숙할 거라 생각하지만, 막상 시합이 시작되면 역시나 몸이 움츠러들면서 공포심이 밀려온다고 한다.

이런 상황에 대비하는 것이 성실한 사람이며, 아예 공포심을 느끼지 않는 사람은 게으른 사람이다. 그런 만용을 가진 사람에게는 어딘가 거친 느낌이 있다. 공포심이 있어 다리가 움츠러드는 사람이 신중하게 방어도 잘한다. 그렇기에 만용을 드러내지 않는 평범한 사람이 진정한 용기나 투지를 불살라 경쟁에서도 강한 경우가 많다.

라이벌과 경쟁해야 하는 경영에 있어서도 고객과의 갈등을 해결해야 하는 등 모든 국면에서 아수라장 같은 상태를 통과해야 하는 경우가 생긴다. 그런 때에는 아무래도 공포심이 솟아난다. 이대로 계속해도 될까 하는 마음에 다리가 움츠러드는 순간이 온다. 이를 극복하기 위해서는 '이까짓 것'이라는 투지가 필요하다. 제7조의 '강한 의지'는 내면에 숨겨진 것이지만, 이번에는 밖으로 표출되는 불타는 투혼이 필요하다.

Q2 선한 마음으로 경영에 임한다면
투쟁심은 필요 없지 않을까?

훌륭한 삶의 자세를 보여주고 훌륭한 인간성으로 대적한다. 그렇게 하면 상대도 마음에 와닿아 그런 태도로 대응할 것이다. 경영자로서 사원들은 물론이고 기업을 둘러싼 모든 사람을 감화시킬 수 있을 만큼 선하게 일하지 않으면 안 된다. 그리하면 반드시 돌고 돌아 자신에게 돌아온다. 그것이 세상의 진리다.

그러나 오해를 해서는 안 된다. 정신수양을 하는 것이 중요하지만, 단순히 '선한 마음을 가져야 한다'고 말하는 건 아니다. 부드럽고 선한 마음만으로는 채산을 맞추기 어렵고 불황에 맞서는 기개가 부족해 기업을 성장·발전시켜 나가지도 못 하기 때문이다. 어려운 불황 속에서 '어떻게든 매출을 올리고 수익을 확보해 나간다'는 굉장한 기개가 있어야 한다.

이것은 한 기업의 경영에만 그치지 않는다. 패색감이 짙어지는 일본 경제를 회생시키려 할 때도 마찬가지다. 현재 일본을 둘러싼 상황을 타파하고 다시 성장 궤도로 돌아가려면 한 사람 한 사람의 경영자가 굉장한 투쟁심을 갖추는 것이 필요하다.

이것을 이해하기 위해 지난날 내가 썼던 문구를 소개하겠다. 1991년 12월에 발행한 교세라 사내보의 머리말이다. 1991년은 교세라가 창립 32주년을 맞아 대기업병을 우려하고 있을 때다. "교세라 사원들이여, 투쟁심을 가지라"는 제목을 붙인 머리말에서 나는 사원들을 향해 다음과 같이 강조했다.

"나는 최근 교세라에서 투쟁심이 사그라들고 있는 것은 아닌지 심히 우려하고 있다. 목표를 향해 대범하게 돌진하는 힘을 잃어가고 있는 듯하다.

경영을 해나가는 데 있어 투쟁심은 분별력과 리더십과 더불어 빠뜨릴 수 없는 요소다. 맹수처럼 한 번 물면 절대로 놓지 않는 집념, 거센 투쟁심이 절대적으로 필요하다. 승패에 집념을 불태우지 않으면 안 된다."

투쟁심이라는 것을 아무런 제어도, 통제도 없이 마구 발휘하려 해서는 안 된다. 한편으로는 투쟁심을 통제하는 것도 중요하다. 그것을 통제하는 것이 '영혼'이다. 영혼에 의해 투쟁심을 필요한 상황에서는 내뿜고, 그렇지 않은 곳에서는 억제한다.

그러나 그것을 잘못해서 투쟁심 그 자체를 잃어버려서는

제8조 | 불타는 투혼으로
         승부한다

본말이 전도된다. 그런 사원이 늘어나면 회사가 커질 수 없다. 회사를 위해서, 사원들을 위해서 필사적으로 노력하는 것이 우리의 본업이다.

경영이라는 것은 곧 '의지'다. 결정한 것을 실현하려는 강한 의지가 필요하다. 그렇기에 마스터플랜을 만들어도, 월간 목표를 세워놓아도, 그것을 이행할 수 없다면 그 사람은 리더로서 실격이다.

경영 환경이 급격히 변화하고 있다. 세계 경제도 일본 경제도 매일 달라지는 환율과 수주 환경에 직면하고 있다. 그런 상황에서 우리는 강한 의지를 갖고서 임기응변을 발휘해 자신이 세운 목표를 이뤄나가야 한다.

자신은 말할 것도 없고 그 의지를 집단으로도 침투시켜 모두를 이끌어가는 투지가 있어야 한다.

"열심히 해왔고, 이만하면 됐지, 뭐. 다음 달에 열심히 합시다. 여러분"이라고 말하거나 "열심히 했지만 어쩔 수 없었다"고 한다면 절대로 강해질 수 없다.

그런데 지금의 교세라는 이런 상황에 처해 있다고 생각한다.

나는 사원들에게 "좋다. 당신들이 할 수 없다면, 나는 뒤에서 기관총을 쏴주겠다. 어차피 뒤로 도망쳐도 죽으니까, 죽을 정도의 기백으로 앞으로 나아가자"라고 말했던 적이 있다. 사원들은 이 말을 듣자 겁날 정도의 기백을 발휘했다. 리더는 상황이 여의치 않아도 목표를 이행하지 않으면 안 된다.

목표를 세웠지만 달성하지 못했고, 또 그런 상황을 여러 번 반복하면 이미 그 부대는 뭔가를 이뤄내기가 어렵다. 이긴 적이 없을 뿐 아니라 이기는 것을 모르는 집단이 되어버린다. 최근에는 교세라의 마스터플랜이든 월별 목표이든 모두 열심히 진지하게 임했는데도 그것을 완수하지 못한 때가 있다. 그럼에도 그것이 그대로 통과가 됐다. 이것은 앞서 말했듯이 리더에게 투쟁심이나 열정 또는 강한 의지력이 부족하기 때문에 벌어진 일이다. 의지를 관철한다는 것은 리더 스스로도 매우 힘든 일이겠지만, 사원들에게도 힘든 일이다. 그런 어려움에도 불구하고 투쟁심을 끌어올리지 않으면 일은 예정대로, 열망한 대로 이뤄지지 않는다.

그러나 이 투쟁심과 의지력은 양날의 검이다. 실수로 그 한계선을 넘으면, 자기 자신이나 사원, 집단을 파멸시킬 위험도 있다. 그러므로 인간성을 수양하고 마음을 순화하는 것이 필요하다.

목표를 이룰 엄두조차 내지 않고서 "여러분도 열심히 했으니 어쩔 수 없지요"라고 하는 사람은 집단을 파멸시킬 위험은 없다고 해도 그 대신 강한 집단을 만들거나 높은 목표를 달성할 수는 없다.

이런 사람은 주위에 해를 끼치지 않기 때문에 정신을 수양할 필요가 없을지도 모른다. 오히려 투쟁심과 의지력이 강하고 일도 잘해서 사업이나 회사를 확장할 수 있는 사람이야말로 영업실적이 마이너스를 기록했을 때, 조직이나 그곳에 소속된 사람들을 파괴해버릴 위험이 있기에 인간성을 강화하는 정신수양이 필요하다.

나는 여러분에게 "성인군자가 되라"고 말하려는 것이 아니다. 경영을 하고 사업을 전개할 때에는 탁월한 재능이나 리더십, 격렬한 투쟁심, 강한 의지력을 가져야 한다. 그러한 본능이 필요하다. 하지만 그것만으로는 잘못하면 조직에 큰 해를 끼칠 수 있으므로 그것을 제어할 수 있도록 마음을 닦아야 한다고 말하는 것이다.

예전에 사내보의 머리말에서 나는 또 이렇게 강조했다.

"물론 사람을 배려하는 선한 마음은 필요하다. 그러나 그것만 있다면 기업은 시장 경쟁에서 패하고 도태되어버린다. 시대는 크게 변화하고 경영 환경도 급격하게 변하고 있다. 이러한 혼돈 속에서 그런 상황에 휩쓸리지 않고 어려움에도 굴하지 않으려면 '이까짓 것'이라고 말할 수 있을 정도로 강한 정신, 즉 투쟁심이 필요하다."

경영에 있어서도 선한 마음의 필요성을 알고 그것을 익히기 위해 나날이 노력한다면 그처럼 격렬하고 맹렬한 투쟁심을 발휘하며 경영이나 삶에 임하더라도 결코 잘못된 방향으로 가지는 않는다. 선한 마음이 나침반이 되어주기 때문에 올바른 방향으로 나아갈 수 있다고 나는 믿는다.

용기를 가지고
일에 임한다

비겁한 행동을
해서는 안 된다

원리원칙을 따르라

왜 용기가 필요할까. 우선은 사물을 판단할 때 필요하기 때문이다. 나는 기업 경영에 있어서도 '인간으로서 무엇이 옳은가'라는 원리원칙에 따라 판단을 해나가면 실수는 없을 거라 생각하고 그것을 오로지 관철해왔다. 그런데 그러한 원리원칙으로 판단하고 결론을 내릴 때에도, 약간의 어긋남이 생기거나 하면서 판단을 잘못하게 되는 경우도 종종 벌어진다.

예를 들어, 공장 부지를 인수할 때 지역 유력 정치인이 개입해 훼방을 놓거나, 사내에 불상사가 발생했을 때 그것을 알게 된 시민단체가 부당한 압박을 가해오는 경우가 있다.

그럴 때 인간으로서 무엇이 올바른가라는 원리원칙을 따르기보다, 가능한 한 온유하게 풍파를 일으키지 않고 끝내는 것을 판단 기준으로 삼는 일이 있다. 경영자에게 진정한 용기를 묻게 되는 것은 바로 그러한 때다.

원리원칙에 따라 결단을 내렸을 때 사람들로부터 협박을 받는 등 자신이 고난을 겪게 되더라도, 또 온갖 비방 중상에 시달리더라도 모든 것을 감수하고 회사를 위해 가장 바람직하다고 생각되는 판단을 단호하게 내릴 수 있어야 한다. 그것이 진정으로 용기를 가진 경영자의 모습이다.

'이런 일을 하면 위협을 받지 않을까', '동료 경영자로부터 바보 취급을 받고 삐걱거리는 것은 아닐까' 등으로 고심하고 헤매면 올바른 경영 판단을 할 수 없게 된다. 그런 고민으로 인해 원래 쉽게 결론을 내릴 수 있었던 문제가 복잡하게 얽혀 잘 풀리지 않는 경우도 일어나게 된다.

그것은 경영자에게 진정한 용기가 없었기 때문에 발생하는 문제다. 원리원칙에 따라 올바른 판단을 내리려면 용기가 필요하다. 용기가 없는 사람에게는 올바른 판단을 기대할 수 없다고 생각한다.

지식을 신념으로까지 높인
'견식'을 갖춘다

또 경영자가 용기가 없어 두려워 하며 망설이고 있으면 곧 바로 간부나 사원들에게 전염된다. 그리고 그러한 경영자의 한심한 모습을 사원들이 알게 된다면 바로 신뢰를 잃게 된다.

게다가 경영자의 나태한 모습은 기업에서 사원들 간에 가벼운 이야깃거리로 퍼져나간다. 용기가 없는 경영자 밑에서 일하는 사원들은 그들도 마찬가지로 중요한 국면에 처했을 때 타협하는 것을 좋아한다. 때로는 비겁한 행동도 하게 된다.

경영자에게 필요한 용기, 그것은 '담력'이라고 바꿔 말할 수 있다. 나는 옛날에 동양 고전을 통해 야스오카 마사히로安岡正篤의 저서에서 '지식', '견식', '담식'에 관한 문장을 읽고 큰 감명을 받았다.

'지식'은 다양한 정보를 이성 단계에서 알고 있는 것이다. 그렇지만 아무리 많은 지식을 갖고 있어도 그것만으로는 그다지 의미가 없다. '지식'을 '견식'으로까지 높여야 한다. '견식'이란 '지식'이 신념으로까지 발전된 것이며, 자신이 믿고 있는 것이다.

이러한 '견식'이 있어야 비로소 경영자라고 할 수 있다. 예를 들어, 넘버 2인 사람은 '견식'이 필요 없다. '지식'만 있으면 일할 수 있다. 그렇지만 사장은 판단을 내려야 한다. 그럴 때 '견식', 즉 신념이 없으면 올바른 판단을 내릴 수가 없다.

'담식膽識'을 갖춰야 진정한 경영자다

하지만 진정한 경영자를 목표로 한다면 '담식'을 갖춰야 한다. '담식'이란 '견식'에 담력, 즉 용기가 더해진 것이다. 말하자면 '영혼'의 단계에서 굳게 믿고 있어 아무것도 두려워하지 않는 상태다.

이러한 '담식'을 갖게 되면 어떠한 장애가 나타난다 하더라도 비로소 올바른 판단을 내리게 된다. 의연하게 지향하는 방향으로 경영을 해나가게 되는 것이다.

자칫 거북하게 들릴지도 모르지만, 경영에 몰두하다 보면 "피똥 싼다"고 해야 할 정도로 생고생을 하는 상황도 종종 만나게 된다. 그럴 때마다 경영자가 스스로 진정한 용기를 갖고 있는지 되돌아봐야 한다. 영혼의 깊은 곳에서 솟아나는 용기로 올바른 판단을 내리고 경영에도 만전을 기할 수 있기를 바란다.

요점

- '인간으로서 무엇이 올바른가'라는 원리원칙에 따라 결단하고 있는가?
- 풍파를 일으키지 않는 것을 판단 기준으로 삼고 있지 않은가?
- 경영자의 용기 없는 태도가 전염되어 사원들도 타협하고 있지 않은가?
- 지식을 신념으로까지 높인 '견식'에 용기를 더한 '담식'을 갖추고 있는가?
- 영혼의 깊은 곳에서 나오는 '용기'로 올바른 판단을 내리고 있는가?

보강

Q1 리더에게 가장 중요한 용기란?

경영 12개조 중 제7조의 '경영 목표를 이루겠다는 강한 의지', 제8조의 '불타는 투혼', 제9조의 '용기' 등 언뜻 보면 비슷한 내용이 계속 이어진다. 제9조에서 "용기를 가지고 일에 임한다" 한 것은 다음과 같은 이유 때문이다.

경영자나 리더에게 자신이 범한 실수를 깨끗이 인정하고 고치는 것은 용기 중에서도 가장 중요한 것이다. 실패하면 대부분의 사람들은 말을 피하거나 변명을 한다. 자신이 실패한 것을 솔직하게 인정하고 잘못을 고치는 것에는 매우 큰 용기가 필요하다. 이것이 가장 중요한 용기다.

그런 진정한 용기를 갖고 있지 않으면, 부하 직원의 신뢰를 잃게 된다. 예를 들어, 실수를 사과하지 않고 비겁한 행동을 태연하게 취한다면, 부하 직원들은 지도자를 존경하기는커녕 경멸할 뿐이다. 단 한 번이라도 그런 비겁한 행동을 하고, 부하 직원의 신뢰를 잃으면 나중에 리더가 아무리 멋진 말을 해도 부하 직원들은 그 말을 신뢰하지 않으며 따르지 않을 것이다. 부하 직원으로부터 존경과 신뢰를 잃고 경멸을 받는 일이 생기면 리더의 자격을 잃은 것이나 마찬가지다.

잘못이 있다면 깨끗하게 인정하고 사과하며 결코 피해서는 안 된다. 부하 직원들 앞에서 변명하고, 이치에 맞지 않는 말로 자신의 정당성을 변명하려는 리더가 있는데 이는 비겁한 행동이다. 그것은 부하 직원들의 눈에도 보인다. 그런 리더는 경영자의 언저리에도 들어가지 못한다.

용기를 갖고 일을 시작하기 전에 우선은 비겁한 행동을 해서는 안 된다는 사실이 매우 중요하다. 그런 의미에서 제9조에는 "비겁한 행동을 해서는 안 된다"는 부제를 덧붙였다.

Q2 정의를 실현하기 위해 필요한 것은?

경영자나 리더가 판단을 내릴 때에는 용기를 내어 일을 시작해야 한다. 그러나 그 결정이 모두 좋은 결과로 이어지는 것만은 아니다. 무엇인가를 이루어갈 때, 모든 일에는 작용과 반작용이 있다. 좋은 일이라고 생각해 결정했더라도 그 결정으로 인해 발생하는 반작용도 반드시 있을 것이다.

좋은 일이라고 생각하고 시작한 일이라도 반작용이 일어나면 '그 판단이 잘못된 것은 아닐까'하고 생각하며 주저앉아버리는 경우도 있다. 또 반작용으로 인한 불편을 막으려고 없는 지혜를 짜내려고 하다 보면 결론을 내릴 수 없게 될 때도 있다.

'그렇게 해야 한다. 결론은 꼭 그래야 한다. 그렇지만 그리되면 반작용이 상당히 크다. 그렇게 하고 싶은 마음은 굴뚝같지만, 그리되면 곤란하니 방법을 바꿔보자.' 이런 식으로 타협안을 찾아 결정을 미루거나, 결정했다고 하더라도 뭔가 더 해보려다가 중단하는 것같이 어중간하게 결론에 이른다. 용기가 없는 사람이 그런 방식으로 결정하면 기업 경영은 잘되지 않는다.

옳다고 생각해 결정한 것도, 사람들로부터 비난당하거나

뜻밖의 고생을 겪게 되는 등 부정적인 일은 언제나 일어난다. 그렇지만 리더라면 그런 부정적인 것을 인지한 뒤에도 '이것은 지금 아무래도 해야 할 일이다'라고 결정을 내릴 수 있어야 한다. 그 결정을 내림으로써 부정적인 일이 일어난다고 해도 그것을 받아들여야 한다. '부정적인 것은 나 자신이 해결해나갈 것이다' 하며 각오를 다지지 않으면 안 된다. 이런 고생을 감수하는 용기가 없다면 일은 진척되지 않는다. 용기를 내지 못한 채 뭔가가 뒤죽박죽 섞인듯한 어중간한 판단을 한다면 좋은 결과를 낼 수 없다.

일을 진척시키려면 '나는 옳은 일을 하고 있다'는 신념이 있어야 한다. 뒷걸음질을 치는 것은 용기를 내지 못했기 때문이다. '내가 정의를 실현하고 있다'는 믿음이 있어야 진정한 용기가 솟아날 것이다.

Q3 어떻게 하면 용기를 체득할 수 있을까?

리더가 용기를 몸소 체득하기 위해서는 목표를 향해 집단을 이끌어가는 '대의'가 반드시 있어야 한다. 즉, 집단을 지켜야 한다는 대의가 있다면 용기라는 것은 자연스럽게 솟아날 거라고 생각한다.

그렇다면 어떤 대의를 품고서 용기를 체득하면 좋을까. 이런 고민을 하고 있을 무렵 나는 문득 깨달았다. 여러분도 텔레비전 같은 매체에서 본 적이 있는 장면이라고 생각한다.

초봄이 되면 종달새는 들판에 둥지를 만들어 새끼를 키우는데, 매와 같은 맹금류가 그 둥지를 덮치려 한다. 그때, 새끼를 지키기 위해 싸우는 엄마 새도 있지만, 자신을 희생해서 위험에 대처하려고 하는 새끼도 있다. 본능일 것이다. 둥지에서 날아오른 작은 엄마 새가 상처 입은 듯한 날개를 퍼덕거린다.

이런 모성이나 부성이라는 본능은 아기를 위험에서 지켜야 할 때 자연스럽게 나온다. 동물은 자신이 위험에 처하더라도 자손을 지키려고 하는 본능을 몸에 익히고 있는 것이다. 그런 것이 진정한 용기라고 생각한다.

그러나 우리 인간은 본능 그대로 살아가고 있는 것이 아니다. 리더로서 집단을 사랑하고 지키려 한다면 '집단을 위해 자신을 던져도 상관이 없다', '자신이 사라져도 상관이 없다'고 할 정도의 각오를 지녀야 한다. '명예나 지위가 모두 없어져도 상관이 없다', '생명조차 잃어도 상관이 없다'

는 각오가 있을 때, 비로소 진정한 용기를 체득할 수 있을 거라고 생각한다.

리더가 용기를 가지고 있느냐 없느냐에 따라 그 리더가 이끄는 집단의 힘이 결정된다. 만용이 아니라 세심하면서도 단호한 자질을 지녀야 한다. 동시에 대의를 가지고 집단을 지키려 하고 사랑하는 마음을 가져야 한다. 자연스럽게 몸소 체득하는 진정한 용기가 중요하다.

제10조

항상 창조적으로 일한다

오늘보다는 내일, 내일보다는 모레를 위해, 끊임없이 개선하고 개량한다
창의성을 발휘한다

처음부터 뛰어난 기술력을 갖춘 회사는 없다

미국을 대표하는 저널리스트로 퓰리처상을 수상한 데이비드 핼버스탬은 자신의 저서인 〈넥스트 센추리〉 머리말에 나에 대한 글을 썼다. "하려는 일을 앞에 놓고서 사람들은 종종 우리가 결코 그 일을 해낼 수 없을 것이라고 말하곤 한다"는 내 말을 그 머릿말에 인용한 것이다.

교세라는 파인세라믹스라는 신소재를 재빨리 발견했고 애초 공업용 재료로 사용되지 못하던 파인세라믹스를 공업용 재료로 만들었다. 나아가 몇조 엔 규모를 가진 산업 분야로 성장시켰으니 이른바 개척자 기업이라 할 수 있다.

즉, 파인세라믹스가 갖는 뛰어난 특성을 살려 IC 패키지를 개발하고 반도체 산업의 부흥과 성장을 선도한 것은 물론이고 인공뼈와 같은 생체용 재료 개발에도 재빨리 나서서 오늘날까지 파인세라믹스 분야의 개척자로 사회에 공헌해온 것이다.

이처럼 독창적인 사업을 펼칠 수 있었던 이유로 많은 사람들은 교세라에 훌륭한 기술이 있었기 때문이라고 생각한다. 그리고 자신들의 회사를 돌아보면서 '우리 회사에는 그런 기술이 없으니까 발전하지 못하는 것은 어쩔 수 없는 일'이라며 한탄한다.

하지만 나는 그렇지 않다고 생각한다. 뛰어난 기술력을 처음부터 가진 중소기업은 하나도 없을 것이다. 늘 창조적인 일에 관심을 두고 오늘보다 내일, 내일보다는 모레를 위해 개량하고 개선하는 노력을 기울일 때 비로소 독창적인 경영이 가능해지는 것이다.

모든 사업에 적용되는 진리

청소를 예로 들어 얘기해보고자 한다. 청소는 언뜻 보면 창의적 아이디어가 필요 없는 잡일처럼 보이지만 그렇지 않다. 매일 똑같은 방법으로 청소를 반복하지 말고, '오늘은 이렇게 닦았으니 내일은 저렇게 해보자', '모레는 이렇게 해볼까' 하면서 조금씩 업무 능률을 높이는 방법을 궁리해보라. 365일 매일 조금씩 청소 방법을 개선하려고 시도하다 보면 다양한 아이디어들이 떠오를 것이다.

실제로 도쿄역 등에서 신칸센 차량 내부를 청소하는 회사가 화제가 됐다. 지금까지는 남들이 안 보는 곳에서 하는 일로만 생각했던 차량 내 청소를 고객과 접점을 갖는 서비스업으로 인식하고, 기발한 사원참가형 청소 서비스를 제공함으로써 사원들에게 동기를 부여하고 실적도 향상시켰다.

마찬가지로 내가 만약 청소를 생업으로 하는 회사의 경영자라면, 누구에게도 지지 않을 노력을 쏟아부으며, 날마다 끊임없이 창의적인 개선 방안을 모색하고, 누구도 상상할 수 없는 서비스로 일본 제일을 넘어, 세계 제일의 청소 회사를 꿈꿨을 거라 생각한다.

단 하루의 모색은 미미하겠지만, 개량과 개선이 계속 쌓이면 큰 변화를 이뤄내게 된다. 이는 청소뿐만 아니라 모든 분야에 적용되는 일이다. 세상의 어마어마한 발명이나 발견도 이런 사소한 노력들이 쌓여져 만들어지는 것이다.

여러분이 경영하는 회사가 어떤 산업 분야이든지 "같은 일을 매일 똑같이 반복해서는 안 된다. 항상 창조적으로 일을 한다"는 업무 방침을 정해놓고 경영자가 솔선해서 모범을 보인다면, 3~4년 후에는 반드시 훌륭한 기술을 개발한 창조적 기업으로 거듭나 있을 것이다.

능력을 미래 진행형으로 본다

교세라도 마찬가지다. 오늘날에는 광범위한 기술 영역에서 다각적인 경영을 펼치고 있지만, 원래는 나의 전문이었던 파인세라믹스라는 좁은 영역에서 그 기술만 보유하고 있던 기업이었다.

독창적인 제품 개발이나 창조적인 경영은 처음부터 느닷없이 할 수 있는 것이 아니다. 날마다 개량·개선을 시도하고 창의적 방안을 끊임없이 모색할 수 있느냐가 중요하다.

이때 중요한 것이 '능력을 미래 진행형으로 보는 것'이다. 자신이 가진 현재의 힘으로 미래에 무엇을 할 수 있을까를 고민하는 것이 아니라, 지금은 불가능해 보이는 목표라도 미래의 어느 시점에는 달성할 수 있다고 보는 것이다. 그리고 그 한

점을 목표로 삼고서 자신의 능력을 키우는 노력을 그 목표에 도달할 때까지 날마다 끊임없이 계속하는 것이다.

예를 들어, 그 미래의 한 점에 도달하는데 자신에게 부족한 기술이 있다면 그런 기술을 가진 인재를 찾아내거나 채용하는 것도 방법이다. 그렇게 자신의 능력을 키워나가는 방안을 마련해야 한다.

지금 자신의 능력으로 뭘 할 수 있는지, 없는지도 모르는 채 새로운 것을 해낼 수는 없다. 지금은 해내지 못한다 하더라도 어떻게든 해내겠다는 강한 의지가 있어야 창조적인 사업을 일궈낼 수 있다.

그런 강한 의지로 날마다 계속해서 창의적인 방안을 거듭 모색하면 그 앞길에 창조적인 기업이나 독창적인 사업이 자라나게 되는 것이다.

- '창조적인 일'을 마음에 두고, 항상 개량·개선을 시도하고 있는가?
- 날마다 개선하려고 노력하고, 독창적으로 사업을 전개하려는 목표를 세우고 있는가?
- 사원들이 창조적으로 일하도록 경영진 스스로가 모범을 보이고 있는가?
- 지금의 힘으로 무엇을 하느냐에 안주하지 않고 능력을 미래 진행형으로 변화시키고 있는가?
- 미래에 있는 한 점을 정하고, 그 목표점을 향해 날마다 끊임없이 노력하고 있는가?

보강

Q1 어디까지 시뮬레이션을 해볼 것인가?

나는 자주 여러분에게 "생각은 반드시 실현된다"고 이야기한다. 굳건하게 생각하면 할수록 일이 성취될 가능성은 커진다. 이것은 명백한 진리다.

그렇지만 오로지 굳건하게 생각하는 것만으로는 실현되지 않는다. '나는 어떻게든 이 사업을 성공시키고 싶다', '이 높은 목표를 달성하고 싶다'와 같은 강렬한 열망을 마음에 품었다면, 그 열망을 실현하기 위한 전략이나 전술을 세우지 않으면 안 된다. 어떤 방법으로 어떻게 시도할 것인가를 리더는 끊임없이 궁리해야 한다.

진정으로 그 목표를 달성하려고 한다면 자신이 고민하고 생각하는 만큼 그 목표를 달성할 수 있는 방법이 계속 떠오르게 되는 법이다. 만약 떠오르지 않는다면, 아직 생각이 부족하고 열망이 강하지 않다는 뜻이다.

동시에 떠오른 방법에 대해서는 면밀한 시뮬레이션을 여러 번 반복해서 해보는 것이 중요하다. 특히 신사업을 전개하는 경우 실제 진출했을 때와 같은 상황을 머릿속에 그리면서 그에 대응하는 구체적인 방법을 짜내야 한다. 신사업에 성공하고 목표를 달성한 뒤 기쁨으로 환호하는 장면을 떠올릴 수 있을 때까지 반복해서 시뮬레이션을 해보는 것이다. 실제로 그런 장면이 보일 때까지 생각을 거듭하는 것이 중요하다. 성공했을 때의 모습이나 목표를 달성했을 때의 장면이 머릿속에 그려지지 않는다면 착수해선 안 된다.

그것은 바둑이나 장기에서 몇십 개의 수를 읽어내는 것과 같다. '이렇게 치고, 상대가 이렇게 나오면 이렇게 되돌리고' 하는 것처럼, 상대의 수를 예측하면서 머릿속에서 수를 그려간다. 그리고 자신이 이기는 모습이 보일 때까지 생각을 짜내는 것이다. 윤곽이 잡히는 정도로는 안 된다. 전체 모습이 선명하게 보이지 않으면 실현되지 않는다.

좀 냉정하게 들리겠지만, 나는 실제로 사업을 전개할 때 미래의 일까지 시뮬레이션해가며 준비한 적이 많았다. 1984년에 창업한 제2전전이 바로 그러했다. 거대한 국영기업인 당시 전전공사(NTT)를 상대해야 할 정도로 리스크가 큰 대규모 사업에 뛰어드는 일이라 사실은 불안으로 가득 차 있었다. 주저하면서도 꿋꿋이 도전해나갔다. '국민을 위해 저렴한 통신요금을 실현하자'고 마음먹었던 나는 그렇게 제2전전을 만들었다.

'NTT의 요금에 어느 정도 가격으로 대응하면 고객들이 만족할까', '채산상의 문제를 초래하지 않고 요금을 얼마만큼 저렴하게 낮출 수 있을 것인가'하고 반복에 반복을 거듭하며 시뮬레이션해서 숫자를 찾아냈다.

그후 신전전의 각사가 일제히 회선 획득 경쟁에 들어갔는데, 제2전전은 다른 경쟁자에 비해 압도적인 회선 수를 획득하며 신전전 가운데 일약 톱이 됐다.

Q2 창조적인 일을 하면서 중요한 것은?

새로운 개발을 하기 위해서는 '낙관적으로 구상하고, 비관적으로 계획하고, 전향적으로 실행하는' 것이 필요하다.

이것은 일견 모순되는 것 같지만 그렇지 않다.

우선은 무언가를 하고 싶다고 생각할 때는 낙관적으로 생각한다. '그것은 어렵다, 그것은 곤란하다'고 비관적으로 생각해서는 안 된다.

하지만 실제로 구체적인 개발계획을 세울 때에는 대단히 어려운 현실을 직시하고 개발의 어느 대목이 어려운지를 파악하고 비관적으로 생각한다.

그런 바탕 위에서 '좋아. 이렇게 해보자' 하며 개발을 시작한다. 개발에 나섰을 때에는 힘들다는 생각을 접고 '반드시 할 수 있다'는 전향적인 마음가짐으로 임한다.

창업 당시 나는 개발한 신제품을 가지고 대형 메이커에 판매하러 갔었다. 거기서 연구자로부터 특정 세라믹 부품을 만들어달라는 주문을 받았다.

나는 즉시 "만들어드리겠습니다"라고 답했다. 그리고 "어디에 사용하시려고 합니까?"라고 물었더니, 그 연구자는 의기양양하게 "이번에 새로운 진공관을 만들려고 하는데요, 거기에 사용할 부품입니다."라고 하면서 제품의 용도와 성능에 대해 자세하게 설명해주었다. 나는 그 이야기를 모두 듣고 회사로 돌아왔다.

그후 간부들을 모아 "거래처에 가면, 이런 제품이 필요한

지 물어보고 주문을 받아오시오"라고 했다. 전기산업의 미래를 열어나갈 제품이니 어떻게든 만들어보자고 개발의 의의를 설명하고 모두에게 의욕을 불러일으켰다. 한 사람 한 사람의 얼굴을 보면서 동기부여가 되도록 계속 이야기했다. 모두가 '해보자'는 마음으로 하나가 될 때까지 내 의지를 강하게 전달했다.

한편 당시에 이런 경험도 했다. 지금까지 해본 적 없는 신제품 개발을 시작하려고 했을 때 좋은 대학을 나온 똑똑한 사원들을 모아놓고 의견을 구하면 다들 기술적으로 매우 어렵다는 반응을 보였다. 좀처럼 동기부여가 되질 않았다. 내가 "우리는 뭐든지 할 수 있다"고 말하면 오히려 어이없어했다. 대기업 메이커의 세라믹 전문 기술자가 할 수 없다고 한 것을 너무나 쉽게 떠안고와서는 아무런 연구 설비도 없이 "해보자"고 하는건 너무 무모한 게 아닌가라고 생각하는 듯한 표정들이었다.

새로운 제품 개발에 도전한다는 열의를 불태우며 회사에서 모두가 똑같이 열의를 품게 하려고 했다. 그런데 사원들은 열기로 충만하기는커녕 차가운 시선을 보냈다. 이런 일이 여러 번 있었기에 나는 제품 개발을 시작할 때 머리가 좋지만 냉랭한 개발자는 부르지 않았다. 그보다는 다소 어중간한 사람이라도 "그거 흥미로워 보입니다"라고 말해주는 사원을 주위에 두는 게 낫겠다고 생각하게 됐다. 그래서 "그것을 하게 되면 회사가 잘될 겁니다"라고 말하며 "해봅시다"라고 호응해주는 긍정적인 사람들을 모아놓고 이야기했다. 이말은 곧 낙관적으로 구상하라는 뜻이다.

그러나 구체적으로 실험 계획을 짜고 시제품을 제작하는 단계에 들어가면, 어정쩡한 사람으로는 잘되지 않는다. 그래서 머리가 좋고 냉정한 사람을 불러 "어디가 문제인지를 잘 알고 있는 당신이 해줬으면 좋겠다"고 말하고 계획을 세우게 했다.

그러면 그는 자신 있게 "이 부분이 문제입니다"라고 지목해준다. 얼마나 어려운지, 왜 무모한 계획인지를 알고 있기에 주의해야 할 사항들을 전부 알려준다. 그것이 전부 안내지침이 되는 것이다. 그 후 실행 단계에서는 그 주의사항을 감안하면서도 다시 전향적으로 진행한다.

실행 단계 때에도 비관적이라면 여러 가지 어려움을 극복할 수가 없다. 반드시 할 수 있다는 신념 아래 전향적으로 진행해나가는 것이 중요하다.

나는 지금까지 이런 방법으로 제품 개발 과정의 어려움을 극복해왔다. 창의적인 일을 할 때는 낙관적으로 구상하고 비관적으로 계획하며 전향적으로 실행해야 한다.

Q3 살아남기 위해 필요한 '4개의 창조'란?

교토에는 훌륭하게 성장하고 발전한 기업이 많이 있다. 왜 교토에 그런 기업이 많이 몰려 있을까? 그들에게서 공통점을 찾을 수 있다.

예를 들어, 로옴ROHM은 반도체를 만드는 훌륭한 기업이다. 로옴의 창업자는 리쓰메이칸대학 재학 중 탄소피막 저항기라는 전자 부품을 개발하고 특허를 출원했다. 가장 간단하게 저항을 만들어내는 제품이다. 졸업 후 그는 어느 회사에도 취직하지 않고 그 기술로 로옴을 창업했다.

무라타제작소村田製作所의 창업자는 2차대전 이전에 시미즈야키淸水燒의 찻잔과 같은 제품을 만들고 있었다. 그러다가 전쟁 중에 전자산업이 발달한 서구 지역에서 만드는 전자 부품 중에 세라믹 콘덴서가 있다는 정보를 얻은 일본 군부가 동일한 제품을 만들라고 각 대학에 지령을 내렸다. 산화티탄을 구워 굳히면 콘덴서가 만들어진다는 원리를 알고 있었던 교토대학의 교수가 "만들어보지 않겠는가?" 하며

무라타제작소의 창업자를 초대했다고 한다. 그것이 무라타제작소의 출발이었고 전쟁 후 전기산업시대가 도래하면서 이 회사는 약진했다.

내 경우에도 그렇지만, 흥미롭게도 이런 기업의 창업자는 원래 모두 아마추어였다. 훌륭한 기술을 갖고 있지도 않았고 '단품 생산'으로 사업을 시작했지만, 하나의 제품만으로도 필사적으로 노력한 끝에 성공할 수 있었다.

그러나 '단품 생산'은 위험 부담이 크다. 만약 그 제품이 시대가 변해서 불필요하게 되면 회사는 쓰러지고 만다. 그래서 새로운 기술자를 찾거나, 대학을 방문해 기술을 도입하는 방식으로 끊임없이 개선 방안을 모색해야 한다.

교세라도 마찬가지였다. 처음부터 벤처사업에 손을 대려고 하지는 않았지만 나는 연구와 판매에 모두 자신이 있었다. 그래서 매 순간 열심히 노력했던 것이지만, 내가 창업 당시에 만든 것은 마쓰시타전자공업에서 팔던 브라운관의 절연 재료, 단품 하나였다. 게다가 미국의 RCA라는 회사가 유리만으로 절연할 수 있는 싸고 좋은 제품을 만들고 있었다. 그것이 일본에 들어오면 우리 회사는 바람 앞의 등불과 다름없었다. 실제로 2~3년 후부터 창업 때 만든 그 최초의 제품은 더 이상 사용되지 않게 됐다.

"이런 성분으로 이뤄진 유리를 만들어줄 수 있습니까?" 나는 오사카에 있는 중소 규모의 유리 제조회사 문을 몇 차례나 두드렸다. 일반 유리 제조회사로서는 감당하기 어려운 큰 제품이었다. 붕규산硼硅酸 유리라는 특수한 제품인데 "그런 유리는 녹여본 적도 없고, 생산할 수도 없다"고 거절당했다. 도가니를 스스로 사서 "내 항아리 가마를 한번 사용해봐달라"고 부탁해야 할 정도로 내게는 유리 가공의 경험이 없었다. 특정한 형태가 아니라면, 가마 바닥이 깨져서 유리를 녹일 수 없다는 것도 몰랐다. 도가니 바닥이 깨져서 가마 자체를 부숴버린 적도 있다.

그래도 어떻게든 붕규산 유리를 만들어서 최초의 단일 생산품이 시장에서 밀려나기 전에 유리제품을 완성시킬 수 있었다. 또 제품을 개발하면서 사용처 개발에도 신경을 썼다. 당시는 아직 진공관 시대였고, NHK 등 라디오 방송국에는 송신관용의 큰 진공관이 있었다. 그 진공관 속의 절연재료로 새로운 유리제품을 활용해보자고 생각했다.

하지만 머지않아 진공관 대신 트랜지스터를 사용하게 됐다. 트랜지스터 시대가 되자, 지금까지 구축해놓은 시장은 모두 붕괴됐다. 그때 동일한 재료를 사용해 트랜지스터에 넣을 수 있는 패키지상품을 만들어냈다. 그것이 나중에는 반도체 패키지로도 이어지게 됐다.

고온에서 구워 딱딱하게 만드는 세라믹스는 '마모되지 않는' 장점을 갖고 있다. 그 특징을 살려 마모되는 산업기계 부품 대신에 사용해보자고 아이디어를 냈다. 금속 부품을 사용하면 마모되어버리는 곳에 세라믹스를 사용하자는 생각이다.

그러나 실제로는 어디에 사용할 수 있는지를 잘 모르고 있었기 때문에 메이커를 직접 찾아가 묻기도 했다. "세라믹스는 이런 뛰어난 성질을 가지고 있습니다. 금속을 사용하면서 마모로 인해 불편을 겪은 일은 없습니까" 그러다가 나는 엄청난 속도로 원단을 짜는 직조기에서 실이 이동하는 부분에 마모로 인한 문제가 발생하고 있다는 사실을 알게 됐다. 지금도 실로 인해 마찰과 마모가 생기는 부분에 세라믹스가 사용되고 있다.

그 다음에는 쉽게 마모되는 펌프 부품을 대체하면 어떨까하는 아이디어로 시장을 개척했다. 옛날에는 라디에이터의 물이 새어, 김을 내뿜으며 멈춰 선 자동차를 도로에서 종종 볼 수 있었다. 라디에이터로 냉각한 물을 사용해 엔진을 식히려면 물을 순환시키는 데 펌프가 필요했다. 그 펌프를 돌리는 곳에 오일 실$_{oil\ seal}$이라고 하는 고무 밀봉장치가 있었는데 오래 사용하면 마모되어 물이 새게 되고 결국에는 엔진까지 타버리는 상황이 발생했다. 탄력성이 좋으면서 마모는 잘 되지 않는 고품질 고무를 사용한다 해도 역시 엔진을 보호하기에는 역부족이었다. 유럽과 미국에서는 세라믹과 카본을 사용해 만든 오일 실이 나오고 있었다. 나도 곧바로 "우리도 세라믹을 사용하면 더 좋은 성능을 낸다"며 판매에 나섰다.

대학 시절 나는 화학 전공이었지만, 기계공학도 깊이 공부했다. 그 경험을 토대로 세라믹스 응용 제품도 궁리해보게 됐다. 세라믹 선반을 만든 데 이어 초정밀 에어 슬라이더와 베어링 등으로 용도를 확대하고 세라믹 엔진도 개발했다. 그 외에도 인공뼈와 재결정 보석을 비롯해 다양한 응용제품을 만들어냈다.

이렇듯 수요의 창조, 기술의 창조, 상품의 창조, 시장의 창조라는 4가지 창조를 반복해오면서 오늘날의 교세라로 성장한 것이다.

제11조

배려의 마음으로 성실하게
모두를 대한다

장사에는 상대가 있다
상대방을 포함해
모두를 행복하고 기쁘게 한다

자기희생을 감수하더라도 상대를 위한다

　배려란 '이타적인 마음'이라 할 수 있다. 즉, 자신의 이익만을 생각하는 것이 아니라 '자기를 희생해서라도 상대를 위한다'는 선한 마음이다. 나는 비즈니스 세계에서도 이런 마음이 중요하다고 생각한다.

　'약육강식의 비즈니스 사회에서 배려나 이타심은 실현하기 어렵다'고 생각하는 사람들이 많다. 하지만 배려하는 마음은 경영의 세계에서도 중요하다. '동정심은 다른 사람의 이익을 위한 것이 아니다'는 말처럼 배려로 인한 혜택은 자신에게 돌

아온다는 사실을 내가 체험한 하나의 사례를 들어 보여주고자
한다.

인수나 합병을 할 때도
상대를 최대한 배려해야 한다

교세라의 미국 자회사에는 AVX라는 전자부품 제조업체가
있다. 1980년대 후반에 교세라는 종합전자부품 메이커가 되
려면 세계적인 콘덴서 메이커인 AVX를 인수해야 할 필요가
있다고 판단하고 그 회사 회장에게 협상을 제안했다.

상대편 회장도 흔쾌히 승낙했고, 인수 방식으로는 '주식 교
환'이라는 방법을 사용하기로 했다. 즉, 당시의 뉴욕 증권거래
소에서 20달러 전후였던 AVX사 주식을 50% 할증된 30달러
로 평가하고 그 주식을 같은 뉴욕 증권거래소에서 거래되고
있던 교세라 주식으로 교환하기로 했다.

그런데 이내 AVX사 회장으로부터 '주식 평가금액으로 30달
러는 너무 싸기 때문에 32달러로 조정해주기 바란다'는 요청
이 왔다. 우리 측의 미국 현지법인 사장과 변호사는 그 요청에
정면으로 반대했다. 그러나 상대방 입장에서는, 주주를 배려

하기 위해 1달러라도 더 높은 가격을 요구할 수 있다고 생각하고 나는 그 요구에 응했다.

이후 주식을 교환하는 날이 가까워졌을 때, 뉴욕 증권거래소의 평균 주가가 하락하면서 교세라 주가도 10달러 가까이 떨어져 72달러가 됐다. 그것을 본 상대방 회장으로부터 다시 연락이 왔다. 이미 82달러로 정해진 교세라 주식의 교환 평가가치를 72달러로 낮춰달라는 것이었다.

교세라의 주가만 하락했으면 그렇다 쳐도 주식시장 전체가 하락했기 때문에 교환 비율을 변경할 필요가 전혀 없다는 것이 통상적인 견해였다. 교세라 관계자들도 입을 모아 그 요청을 거부해야 한다고 했다.

하지만 나는 다시 한번 불리한 조건 조정에 응하기로 결정했다. 그것은 이해타산을 따져봤다거나 동정심에 휩쓸린 결과가 아니다. 인수합병이란, 전혀 문화가 다른 기업들이 함께 되는 것이다. 이른바 기업간 결혼과도 같다. 그렇다면 최대한 상대방을 배려할 필요가 있다고 생각했다.

그 결과, 인수 작업을 종료한 후 교세라 주가는 점점 상승했고 AVX사 주주들은 큰 이익을 얻어 기뻐했다고 한다. AVX사의 사원들도 인수당한 측에서 생겨나기 쉬운 반감이나 불평불만을 갖지 않았다. 교세라의 경영철학을 거리낌 없이 받아들여줬고, 두 회사 사이에는 처음부터 좋은 커뮤니케이션이 이루어졌다.

이런 과정을 거치면서 인수된 후에도 AVX사는 성장·발전을 계속했고 인수된 후 5년도 되지 않아 뉴욕 증권거래소에 재상장됐다. 이 재상장이후 교세라는 거액의 주식 매각 이익을 실현하게 된다.

실패와 성공을 가르는 마음가짐의 차이

그 무렵 교세라와 마찬가지로 많은 일본 기업이 미국 기업을 인수했다. 그러나 그 후 큰 손실을 보면서 철수하거나 매각하는 일이 잇따랐다. 일본 기업이 미국에서 기업을 인수한 것 중 성공한 사례는 그리 많지 않았다.

신문 보도를 보면, 일본 기업이 외국자본과 제휴했을 때 양자 간에 주장이 부딪쳐 좀처럼 접점을 찾지 못하는 사례가 많았다. 파탄으로 끝나버리는 경우도 적지 않았다.

나는 이러한 실패 사례와 교세라가 이룬 성공 사례 사이에는 '이익의 득실만 생각하는가 아니면 진짜로 상대방을 생각하는가 하는 마음가짐의 차이가 있다'고 생각한다.

상대를 소중하게 생각하고 배려하는 '이타적인' 행위는 언뜻 보면 자신에게 손해인 것처럼 보여도 장기적으로 보면 반드시 훌륭한 성과로 돌아오게 되는 것이다.

요점

- '약육강식의 비즈니스 세계에서 이타심은 필요가 없다'고 생각하는가?
- 이해득실만 따지지 않고, '상대를 배려'하고 있는가?
- 상대를 배려하는 행위가 훌륭한 성과를 가져온다는 사실을 이해하는가?

보강

Q1 어떻게 하면 배려심을 키울 것인가?

인간은 양면성을 가지고 있다. '이기적인 자신'과 '이타적인 자신'이다.

'이기利己'란, 인간이 자신의 몸을 지키면서 좀 더 나아지기 위해 힘쓰라고 신이 내려준 능력이다. 본능이라고도 할 수 있다. 배가 고프면 밥을 먹으려 하고, 다른 사람보다 더 많은 밥을 먹고 싶어 하고, 다른 사람으로부터 바보 취급을 받으면 화를 내는 것 등은 모두 본능에 기반한 이기적인 행동이다.

투쟁심도 자신의 몸을 지키려고 하는 빼놓을 수 없는 본능이다. 문명 생활을 하기 전에 인간들은 야생동물의 습격에 맞서 싸우며 자신의 일족을 지켜왔다. 그 외에 질투나 미움도 자신을 지키는 수단들이다.

'이타심'이란 사랑이다. 스스로 희생을 치르더라도 상대를 사랑하는 것, 다른 사람을 위하는 것이다. 이타심은 배려하는 마음이며, 배려는 타인의 기쁨을 자신의 기쁨이라고 느끼는 것이다.

그리고 이 이타심도 인간이 본성으로 갖고 있는 것이다. 아무리 이기주의적이고 극악무도한 인간이더라도 이면에는 상대를 배려하는 이타적인 마음을 지니고 있다.

그 사람 마음속에 있는 이기와 이타의 비중 크기에 따라 인간성이 결정된다. 이타가 크면 '그 사람은 인격자'라는 말을 듣게 되고, 이기가 크면 '그 사람은 얌체'라는 말을 듣게 되는 식이다.

경영이란 원래 '어찌 됐든 이렇게 하고 싶다', '어떤 일이 있더라도 나는 절대로 지지 않는다'는 강렬한 열망, 즉 이기에서부터 출발한다. 특히 많은 사람을 채용하고 있다면, 그 사람들을 먹여 살려야 한다. 그러기 위해서는 격렬한 격투기를 하는 사람이 가진 투혼보다 더 엄청난 투혼을 필요로 한다. 그렇지 않으면 경영을 할 수가 없다.

하지만 이기심만 강해져버리면, 일시적으로는 성공해도 언젠가는 파탄에 이르게 된다. 그러므로 이타도 소중히 해야 하고 이기만을 비대화시켜서는 안 된다. 이기를 키워나가면서 동시에 이타도 키워나가야 한다. 이때에도 이기에 비례해서 이타를 키워가기보다는 이타가 조금이라도 더 위에 있도록 해야 한다.

그리고 이타를 일깨우려면 배우는 수밖에 없다. 이기는 본능이어서 배우지 않아도 어느 정도 발휘되지만, 마음속에 잠들어 있는 이타의 마음은 의식적으로 그것을 깨우려고 하지 않으면 발휘되지 않는다. 그런 만큼 배우려는 노력이 중요하고, 그런 노력을 '인간성 수양'이라고 한다. 나는 그것을 '마음을 수양한다'고 표현하고 있다.

이타의 마음은 의식적으로 키워나가야 한다. 항상 거름을 주면서 가꾸고 성장시켜 나가지 않으면 안 된다.

Q2 상대를 위한 진정한 배려란?

개발도상국을 비롯한 빈곤한 나라에서 현지인이 정말로 원하는 것은 식량이 아니라 자신들의 힘으로 살아나가게 해주는 직업훈련이나 농업 기술이라고 한다. 지금은 당장 괴롭고, 허기가 져도 스스로 살아갈 수 있도록 기술을 배우면 좋겠다고 생각하는 것이다.

그것은 진정한 의미에서 자립에 도움이 된다. 우윳가루와 밀가루를 원조받고 나서 일하지 않아도 먹을 수 있다는 생각이 몸에 배어버리면 더 좋지 않은 결과가 초래된다.

이들에게 당장의 고통을 두고 즉각적으로 은혜를 베푸는 것은 좋은 일이긴 하지만, 그것은 '작은 선한 행동'에 해당한다. 작은 선한 행동은 죄악과 비슷하다. 즉, 작은 선한 행동은 큰 죄를 짓는 것과 같다. 일하지 않아도 먹을 수 있는 상황을 만들면, 원조가 끊겼을 때에는 모두 굶어죽게 된다. 그렇다면 원조는 명목상 도움일 뿐 결국 나쁜 결과를 초래한다.

"작은 선한 행동은 대악大惡과 비슷하고, 큰 선한 행동은 비정함과 비슷하다"는 말이 있듯이 크고 선한 행동이 오히려 배려가 부족하거나 비정한 것으로 보일 수 있다.

그냥 손을 잡아주는 것이 선이 아니다. 배려라는 것은 눈앞의 동정심이 아니라 더 큰 차원이다. 크고 착한 행동은 겉으로는 엄격하고 비정해 보이지만, 그 근저에는 정말 상대를 위하려고 하는 큰 사랑이 담겨 있다.

Q3 우리가 목표로 하는 '이타적 경영'이란 무엇인가?

내 나이 27세에 교세라라는 회사를 설립하고 경영자의 길을 걷기 시작했다. 그러나 그때부터 '장사를 하는 사람, 나아가 기업 경영자라는 사람은 일반인들의 눈에 뭔가 어리석은 일을 하는 사람으로 보여지고 있는 게 아닐까' 하는 의구심이 들었다.

왜 그런 생각이 들었을까를 고민했을 때, 이시다 바이간石田梅岩의 가르침이 내게 구원의 빛이 되어주었다. 이시다 바이간은 일본 에도시대에 교토의 마을에 학원을 열어 상인의 아이들을 모아 상도의 길, 즉 장사하는 길을 가르친 인물이다. 그는 다음과 같은 말을 남겼다.

"진정한 장사란 상대방도 이롭게 하고 나도 이롭게 하는 것이다."

즉, 이시다 바이간은 상인들에게 "진짜 장사는 손님도 잘되고, 자기 자신도 잘되는 것이어야 한다. 그리고 자신만 돈을 벌면 된다고 생각해선 안 된다"고 했다.

당시에도 '상인들이란 자신의 이익만 챙기려는 사람들이다'는 인식 때문에 상인들을 경시하는 풍조가 있었다.

오늘날에도 그렇게 인식되는 이유는 무엇일까. 그것은

자본주의 사회 속에서 주식회사가 뿌리내린 데에도 원인이 있다고 생각한다. 자본주의 사회에서 주식회사는 주주의 것이다. 주주의 가치를 극대화하는 것이 기업 경영의 목표로 간주되고 있다. 이 때문에 '기업의 경영자는 이윤 추구를 목적으로 한다'고 인식되고 있다.

이렇게 말하다 보면 경영자 자신이 나쁜 일을 한 적이 없더라도, 뭔가 수단방법 가리지 않고 이윤을 추구하고 있는 것처럼 인식되어버린다.

그렇지만 실제로는 그렇지 않다. 경영자는 자기 자신의 부를 늘리기 위해 사원들을 혹사하는 사람들이 아니다. 자기 스스로를 돌보지 않고, 솔선수범하여 땀을 흘리면서 경영에 힘써, 사원과 그 가족을 지켜내려고 하는 사람들이다. 이것은 자본주의 사회에서 통상적으로 언급하고 있는 경영자 정의와는 반대되는 말이다.

5명이든 10명이든 사원을 고용하고 있는 것은 그 가족들까지 포함해 많은 사람들의 삶을 지키는 일이다. 지금과 같이 힘든 세상에서는 자기 혼자서 살아가는 것만으로도 힘든 일인데, 여러 경영자들이 많은 사원을 고용해 열심히 경영을 하고 있다. 그것은 훌륭한 '이타적 행위'다. 중소 영세기업이라고 비웃을지도 모르겠지만, 그들도 사회의 밑바

탕에서 사람을 돕는 훌륭한 기여를 하고 있다.

　교세라의 경영 목적은 '전 사원의 행복을 물심양면으로 추구하는 것'이다. 나도 상장 후에 주주의 존재를 생각하게 됐지만, 주식의 가치는 기업이 성장하고 발전하면 자연스럽게 올라가는 것이라고 생각한다.

　회사가 훌륭하게 성장하면 주식의 가치도 상승하고 주주도 행복해질 수 있다. 따라서 기업 경영이라는 것은 사원을 착취하고 열악한 노동 환경에서 일하도록 하면서 경영자만 돈을 벌어서는 실현할 수 있는 것이 아니다. 오히려 사원들이 기뻐하도록 노력하는 것이야말로 경영이다. 이것은 자본주의 사회에서 지금까지의 통념을 크게 바꾸는 사고방식이라고 생각한다.

제12조

항상 밝고 긍정적인
생각과 자세를 갖는다

꿈과 희망을 갖고
솔직한 마음으로

어떤 역경에서든 자신의 삶을
긍정적으로 바라본다

경영자는 어떤 역경을 만나더라도 항상 밝고 긍정적이어야 한다. 이것은 나의 신념이기도 하다. 경영을 하다 보면 다양한 과제들이 연달아서 생기기 마련이다. 그러나 이런 어려운 상황이 닥칠수록 꿈과 희망을 잃지 말아야 한다.

이렇게 말하면 마치 경영자들이 비장한 태도로 역경을 이겨 내는 사람들로 보여지는 듯하다. 또 '강한 의지'나 '불타는 투혼' 등의 표현에서 느낄 수 있듯이 번민 속에서 경영하지 않으면 안 되는 것이라 생각할지도 모른다.

그런데 꼭 그렇지만은 않다. 승부처에서 강렬한 투혼을 발휘해야 하고 또 어떤 일이 있어도 좌절하지 않을 강한 의지력을 지녀야 하므로 보통 일상에서는 밝게 행동하려는 마음가짐을 지니는 게 중요하다. 그렇게 하지 않으면 경영을 오랫동안 지속할 수 없기 때문이다.

'어떻게든 해야 한다'고 굳게 마음먹고, 다른 한편으로는 '어떤 일이 있어도 반드시 찬란한 미래가 열릴 것이다'는 확신을 갖고 밝고 긍정적으로 살아갔으면 한다. 지금은 어떤 역경에 부딪혔다 하더라도 자신의 인생을 긍정적으로 바라보자. 이것이 내 인생의 철학이며, 경영자로서 살아가는 요체이다.

지금 건강이 안 좋다면, 반드시 건강해진다고 믿고 스스로 몸을 돌보는 것이다. 자금난으로 걱정이 되면, 노력하면 어떻게든 된다고 믿고 더욱 노력하는 것이다. 역경의 와중에 있는 당신에게 매우 어려운 일이겠지만, 무리가 되더라도 자신의 삶을 긍정적으로 생각하며 노력을 거듭해야 한다.

선한 마음으로 선한 행위를 계속하면
멋진 성과가 나타난다

그런 밝은 태도로 긍정적인 생각을 갖고 끊임없이 노력하면 장기적으로는 반드시 보상을 받게 될 것이다. 그것은 이 세상이 자연적으로 그렇게 만들어져 있기 때문이라고 생각한다.

이것을 나는 "우주의 의지와 조화한다"고 표현하면서 많은 사람들에게 그 소중함을 설파해왔다. 선한 마음으로 배려하고, 겸손한 자세로 감사를 잊지 않고, 솔직한 마음으로 노력을 거듭해야 한다. 그렇게 선을 행하는 사람들의 운명은 기필코 잘 풀릴 것이라는 게 내가 마음속 깊은 곳에서부터 믿는 신념이기도 하다.

선한 마음을 가지고 선한 행위를 계속한다면, 반드시 훌륭한 성과가 찾아온다. 이것이야말로 일본항공 재건을 성공으로 이끈 최대 요인이라고 나는 생각한다.

확실히 '대의명분을 지닌 경영철학'과 '아메바경영'이 큰 힘을 발휘했다. 하지만 그것만으로는 재건에 성공할 수 없었다고 본다. 거기에는 우리의 상상을 뛰어넘는, 이른바 표현하기 힘든 '위대한 힘'이 더해져서 도운 결과로밖에 생각되지 않는다.

두 가지의 타력他力을 얻어
한 단계 성장 · 발전한다

이 '위대한 힘을 얻는다'는 것에 대해 나는 세이와주쿠盛和塾 뉴욕의 아카데미에서 '하나의 자력과 두 개의 타력'이라는 제목을 붙여 강연한 적이 있다. 그 내용은 다음과 같다.

우선은 '자력自力'. 즉, 경영자의 힘을 최대한 발휘해 나간다. 그리고 다음으로 사원들의 협력이라는 '타력他力'을 얻는다. 그 위에 선한 마음을 갖고, 선한 일을 하다 보면 또 하나의 '타력'인 이 세상에 존재하는 위대한 힘의 도움을 얻을 수 있다는 내용이다.

이 책에서 언급하고 있는 경영 12개조는 그중에서 자력 – 경영자는 무엇을 생각하고, 무엇을 해야 하는지에 대해 설명한 것이다.

우선은 하는 일에 노력을 쏟고 그와 동시에 두 개의 타력 즉, 사원의 협력과 위대한 하늘의 힘을 얻을 수 있다면 여러분의 회사는 반드시 상상을 넘는 성장과 발전을 이루게 될 것이다. 그 뿐만 아니라 여러분 자신의 인생도 더욱 풍요로워지고 커다란 결실을 맺게 될 것이다.

교세라, 제2전전의 약진과 일본항공의 재건. 아무도 예상하지 못한 이들 3개사의 성장에 있어서 내가 뭔가 특별한 일을 한 것은 아니다. 나 자신이 지금까지 말해왔던 내용을 실천해 온 것에 불과하다. 그리고 그런 내 경영의 핵심이 응축되어 있는 것이 이 경영 12개조다.

아무쪼록 그 힘을 믿고, 이해와 실천을 하려고 노력해줬으면 한다. 경영 12개조를 통해 여러분이 경영을 더욱 훌륭히 해나가고 사원들의 행복을 물심양면으로 추구해나가기 바란다.

요점

> – 어떤 역경에도 리더로서 밝고 긍정적으로 행동하고 있는가?
> – '반드시 멋진 미래가 열린다'는 확신을 갖고 있는가?
> – 감사를 잊지 않고, 겸손하며, 솔직한 마음으로 노력하고 있는가?
> – 자력을 발휘하는 데(경영 12개조 실천)에 노력하고 있는가?
> – 두 가지 타력(사원들의 협력과 위대한 하늘의 힘)을 자신의 것으로 만들었는가?

보강

Q1 리더는 어떻게 문제에 대응해 가는가?

항상 밝고 긍정적인 마음, 즉 꿈과 희망을 품고 있으면 반드시 그 마음에 따라 미래가 열린다. 항상 밝게 행동하는 사람에게는 밝은 미래가 열리며, 또 항상 꿈과 희망을 품고 있는 사람에게는 그것을 채워주는 미래가 반드시 나타난다. 그것이 자연의 섭리다. 끙끙 앓거나 고민하고 있어서는 안 된다.

일이든 삶이든 문제는 발생하기 마련이다. 그 문제를 해결하기 위해서는 온 신경을 곤두세울 수밖에 없다. 하지만 그 문제에 대해 고민하는 순간에는 괴로워 하더라도, 일단 그 문제에서 벗어나는 순간부터는 밝고 긍정적인 마음을 가져야 한다.

'내 인생에는 반드시 꿈과 희망을 채워주는 빛나는 미래가 있다'고 자기 스스로에게 말해주고 밝은 마음을 갖도록 해야 한다.

리더가 어둡고 우울한 분위기를 가지고 있으면 그 집단은 불행해진다. 리더는 밝게 행동하고 주위를 환하게 만드는 분위기를 가져야 한다. 이처럼 리더의 일상적인 표정이나 언동이 집단에 많은 영향을 끼친다.

나는 평소에 리더가 마음에 담아야 할 일들을 '6가지 정진'으로 요약했다.

6가지의 정진

1. 누구에게도 지지 않을 노력을 한다.
2. 겸손하고, 교만하지 않는다.
3. 매일 반성하며 돌아본다.
4. 살아 있는 것에 감사한다.
5. 선행·이타행을 쌓는다.
6. 감성적인 고민을 하지 않는다.

이 중에 '감성적인 고민을 하지 않는다'는 것이 있다. 이것은 고민해도 어쩔 수 없는 일로 끙끙 앓거나 마음을 아프게 하지 말라는 뜻이다.

실패했거나 실수한 것은 반성하고 고쳐나가면 된다. 그것은 굳게 마음먹고 있으면 되는 일이지 언제까지나 고민하는 것은 백해무익하다.

걱정거리는 누구에게나 있다. 일뿐만 아니라 가정에서도, 인간관계에서도 문제가 일어나고, 그 때문에 우리는 항상 괴로워한다. 그러나 일어난 일에 대해서는 괴로워한다 해도 어쩔 수 없는 것이고, 엎질러진 물은 도로 담을 수가 없다. 괴로워하는 것은 마이너스 노력이기 때문에 끙끙 앓거나 마음을 아프게 해서는 안 된다. 이미 일어난 일은 어쩔 수 없다고 생각하고 내려놓아야 한다. 감성적인 고민을 해서 마음을 아프게 하는 일은 없어야 한다.

이런 말을 하면 무책임한 소리처럼 들릴지 모르겠지만, 이미 일어난 일은 반성하면 되는 것이기에 그 후로는 기분을 전환해서 긍정적으로 새로운 일을 생각해야 한다.

Q2 경영자로 성장하려면 무엇이 필요한가?

제10조에 "항상 창조적으로 일한다"고 했다. 창조적으로 일하지 못하는 사람들은 다양한 일들에 얽매여 있다. 현재의 상태를 고집하고, 현재의 기술에서 벗어나지 못하며, 지금까지 해온 것들에 구애받고 있다.

그러나 창조적인 사람은 지금까지 해온 것이 잘못됐다는 사실을 알게 되면 솔직한 마음으로 그것을 개선하고 마음을 고쳐먹는다.

그런 의미에서 솔직한 마음은 인간을 성장시키는 데 필요한 단 하나의 요소다. 솔직하지 않으면 성숙해지지 않는다. 솔직하기에 다른 사람의 가르침을 이해하고 앞으로 나아갈 수 있다. 솔직한 마음이라는 것은 단지 순종하는 것만을 의미하지는 않는다. 스펀지처럼 유연하게 다양한 것을 흡수할 수 있는 것이 솔직한 마음이다.

경영자로서, 리더로서 집단을 이끌고 훌륭한 경영을 해나가고자 한다면 언제나 향상심을 잃지 않는 사람이어야 한다. '솔직한 마음이 없으면 향상할 수 없다'는 관점에서 제12조의 부제 끝에 "솔직한 마음으로"라는 말을 추가했다.

솔직한 마음은 훌륭한 보물이다. 솔직한 사람을 바보 취급하는 사람들도 있지만, 이는 굉장히 잘못된 것이다. 인간이 성장하기 위해서는 솔직한 마음을 빼놓을 수가 없다. 경영 12개조의 맨 끝에 이 항목을 넣은 것도 그런 마음의 자세가 인생이나 경영을 좌우하기 때문이다. 항상 밝고 긍정적인 생각을 그리게 되면 인생도, 경영도 그대로 된다. 이것은 경영 12개조의 전반을 관통하는 사상이며, 기업 경영을 성공으로 이끄는 열쇠이기도 하다.

Q3 경영 12개조의 근저에 흐르는 사상이란?

경영 12개조의 근저에는 '인간의 생각은 반드시 실현된다'는 사상이 깔려 있다. 왜 이런 사상이 나왔는가. 그것은 나카무라 텐푸中村天風라는 요가의 달인에게서 내가 크게 영향을 받았고 그 사상이 반영되어 있기 때문이다.

텐푸는 "항상 밝고, 긍정적인 생각을 갖자"고 했다. 인생은 그 사람이 마음에 그린 대로 이루어지기 때문이다. 즉, 이 세상에서 개개인이 따라가는 길은 그 사람이 마음에 그린 길이며, 그것을 그대로 따라가는 것이다.

이와 같은 내용을 텐푸뿐만 아니라 많은 사상가들이 말하고 있다.

19세기 후반에 영국에서 태어나 20세기 초에 요절한 제임스 앨런 역시 "자기 자신이야말로 자기 인생의 창조자"라고 했다. 이것은 자신의 인생을 만드는 것은 우연도 운명도 아니고 바로 당신 자신이며, 당신이 생각한 대로 된다는 뜻이다. 더 나아가 인간은 마음에 그리는 생각에 따라 고상하고 숭고한 존재가 될 수도 있고, 짐승 같은 존재로 전락할 수도 있다고 말한다.

그는 저서 〈원인과 결과의 법칙〉에서 생각의 중요성을 이렇게 밝혔다.

"인간의 마음은 정원과도 같다. 그곳을 지적으로 경작할 수도 있고, 멋대로 내버려둘 수도 있지만, 거기에는 어느 것이든 반드시 뭔가가 생겨난다. 만약 당신이 정원에 아름다운 꽃씨를 뿌리지 않았다면, 거기에는 무수한 잡초 씨앗이 날아와 곧 잡초로 무성해지게 된다."

뛰어난 원예가는 정원을 다듬고, 잡초를 뽑고, 아름다운 꽃씨를 뿌리고 그것을 키워간다. 그처럼 우리도 훌륭한 삶을 살고 싶다면, 마음의 정원을 만들고 거기에서 불순하고 잘못된 생각을 씻어버린 다음에 깨끗하고 올바른 생각을 마음에 새기고 그것을 계속 키워나가야 한다.

당신 마음의 정원에 생각이라는 씨앗을 뿌리고 잡초가 자라지 않도록 손질을 하면, 당신이 원하는 아름다운 꽃이 피고 그것은 반드시 열매를 맺게 된다. 즉, 생각이라는 것은 단순히 생각하는 것뿐만 아니라 행위로서 나타나 꽃을 피우고 결과를 만들어낸다.

자신의 마음에 선한 마음을 품으면 반드시 훌륭한 결과가 나타난다. 나쁜 생각으로는 결코 좋은 결과를 만들기 어렵다는 것을 제임스 앨런은 가르치고 있다.

생각이라는 '원인'은 반드시 '결과'로 이어지게 된다. 우리가 사는 물질세계는 매우 이성적이고, 일이 일어나는 데에는 구체적인 원인이 있는 것처럼 보인다. 그러나 제임스 앨런의 가르침에서는 마음에 품는 '생각'외에 다른 원인이 없다. 처음에 '생각'은 추상적인 개념이지만, 그것은 실제로 우리 사회에서 구체적인 결과로 나타난다. 즉, '생각이라는 원인이 있고, 반드시 결과가 따른다'는 진리(인과응보의 법칙)가 우주에 존재한다는 것이다.

그렇다면 일을 실현시키는 강한 생각은 어디에서 오는 것일까. 나는 인간의 마음이 다중 구조로 되어 있고, 그런 다중 구조의 중심에는 '진아真我'라고 불리는 것이 존재한다고 생각한다.

진아라는 것은 깨끗하고 아름답고 순수한 것으로, 깨달음을 얻은 사람 외에는 감지할 수 없다고 한다. 일반인은 진아를 감지할 수 없지만, 진아로부터 우리의 의식에 고상하고 아름다운 메시지가 신호로 보내져온다. 그것이 '생각'이다. 생각이 강하고 또는 약하다고 하지만, 생각은 머리에서만 나오는 것이 아니다. 그런 기분은 어디에서나 솟아난다.

그중에 생각이 가장 큰 힘을 발휘하는 것은 진아로부터 생겨날 때다. 마음을 진아에 가까운 곳까지 가져가면 더욱 강력한 힘을 얻기 때문이다.

내가 어렸을 때, 나카무라 텐푸의 철학 책에서 그런 것을 배우고 그 사상을 경영에 투영시켰다. 교세라에서는 매년 슬로건을 내걸었는데, 그 대부분은 나카무라 텐푸의 철학으로부터 얻은 것이었다. 생각을 마음에 강하게 새기고 모두와 함께 기업 경영을 해나가고자 했다. '모두가 강한 생각을 공유한다면, 그 생각은 반드시 실현될 것이다.' 나는 그렇게 믿으며 경영에 임해왔다.

생각이 잠재의식에 투영할 정도로 강하게 지속된다면 반드시 실현된다. 이런 사상을 바탕으로 이 경영 12개조 전체 그리고 각각의 조가 만들어진 것이다.

출처

이 책은 경영 12개조에 대해 이나모리 가즈오 저자가 세이와주쿠에서 실시한 강연(2012년 12월 서일본지구 송년 학장예회, 2013년 7월 세계대회)을 기초로 편집했다. Q&A 방식으로 게재한 각 조의 '보강' 출전은 아래와 같다.

제1조

Q1 리더 연수 강연 (2010년 6월, 일본항공)

Q2 상동

Q3 교재 '교세라 경영 12개조' (2005년 9월, 교세라)

제2조

Q1 리더 연수 강연 (2010년 6월, 일본항공)

Q2 상동

Q3 교세라 필로소피 강연 (1998년 8월, 교세라)

제3조

Q1 리더 연수 강연 (2010년 6월, 일본항공)

Q2 학장 강연 (2010년 4월, 세이와주쿠 전국 간사단 모임)

Q3 상동

제4조

Q1 리더 연수 강연 (2010년 6월, 일본항공)

Q2 상동

Q3 교과서 교세라 경영 12개조 (2005년 9월, 교세라)

제5조

Q1 상동

Q2 학장 강연 (2014년 12월, 세이와주쿠 서일본지구 교장 정례회의)

제6조

Q1 리더 연수 강연 (2010년 6월, 일본항공)

Q2 교재 '교세라 경영 12개조' (2005년 9월, 교세라)

Q3 리더 연수 강연 (2010년 6월, 일본항공)

출처

제7조

Q1 교재 '교세라 경영 12개조' (2005년 9월, 교세라)

Q2 사내보 '경천애인敬天愛人' 머리말 (1985년 2월, 교세라)

Q3 교재 '교세라 경영 12개조' (2005년 9월, 교세라)

제8조

Q1 상동

Q2 학장 강연 (2012년 7월, 세이와주쿠 세계대회)

제9조

Q1 교재 '교세라 경영 12개조' (2005년 9월, 교세라)

Q2 상동

Q3 리더 연수 강연 (2010년 6월, 일본항공)

제10조

Q1 학장 강연 (2015년 12월, 세이와주쿠 동일본지구 교장 정례회의)

Q2 교재 '교세라 경영 12개조' (2005년 9월, 교세라)

Q3 학장 강연 (1996년 7월, 세이와주쿠 전국대회)

제11조

Q1 학장 강연 (1991년 10월, 세이와주쿠 북오사카 · 히가
   시오사카 합동 정례회의)

Q2 교재 '교세라 경영 12개조' (2005년 9월, 교세라)

Q3 학장 강연 (2003년 8월, 세이와주쿠 전국대회)

제12조

Q1 교재 '교세라 경영 12개조' (2005년 9월, 교세라)

Q2 상동

Q3 상동

이나모리 가즈오의 마지막 수업

초판 1쇄 2023년 4월 25일
초판 4쇄 2023년 8월 10일

지은이 이나모리 가즈오
옮긴이 양준호
펴낸이 최경선
편집장 유승현 **편집1팀장 책임편집** 서정욱
마케팅 김성현 한동우 구민지
경영지원 김민화 오나리
디자인 김보현 이은설

펴낸곳 매경출판㈜
등록 2003년 4월 24일(No. 2-3759)
주소 (04557) 서울시 중구 충무로 2(필동1가) 매일경제 별관 2층 매경출판㈜
홈페이지 www.mkpublish.com **스마트스토어** smartstore.naver.com/mkpublish
페이스북 @maekyungpublishing **인스타그램** @mkpublishing
전화 02)2000-2630(기획편집) 02)2000-2645(마케팅) 02)2000-2606(구입 문의)
팩스 02)2000-2609 **이메일** publish@mkpublish.co.kr
인쇄 · 제본 ㈜M-print 031)8071-0961
ISBN 979-11-6484-541-4(03320)